MÉTODOS CONSENSUAIS DE SOLUÇÃO DE CONFLITOS

SÉRIE ESTUDOS JURÍDICOS: TEORIA DO DIREITO E FORMAÇÃO PROFISSIONAL

inter
saberes

Bruna de Oliveira Cordeiro Hanthorne

inter saberes

Rua Clara Vendramin, 58 . Mossunguê . Cep 81200-170 . Curitiba . PR . Brasil
Fone: (41) 2106-4170 . www.intersaberes.com . editora@intersaberes.com

Conselho editorial Dr. Ivo José Both (presidente), Dr. Alexandre Coutinho Pagliarini, Dr.ª Elena Godoy, Dr. Neri dos Santos, Dr. Ulf Gregor Baranow ▪ **Editora-chefe** Lindsay Azambuja ▪ **Gerente editorial** Ariadne Nunes Wenger ▪ **Assistente editorial** Daniela Viroli Pereira Pinto ▪ **Preparação de originais** Ana Maria Ziccardi ▪ **Edição de texto** Monique Francis Fagundes Gonçalves ▪ **Capa** Luana Machado Amaro ▪ **Projeto gráfico** Mayra Yoshizawa ▪ **Diagramação e *designer* responsável** Luana Machado Amaro ▪ **Iconografia** Regina Claudia Cruz Prestes

EDITORA AFILIADA

Dados Internacionais de Catalogação na Publicação (CIP)
(Câmara Brasileira do Livro, SP, Brasil)

Hanthorne, Bruna de Oliveira Cordeiro
  Métodos consensuais de solução de conflitos/Bruna de Oliveira Cordeiro Hanthorne. Curitiba: InterSaberes, 2022.
  (Série Estudos Jurídicos: Teoria do Direito e Formação Profissional)

  Bibliografia.
  ISBN 978-65-5517-400-7

  1. Arbitragem (Direito) 2. Mediação 3. Negociação 4. Solução de conflitos (Direito) I. Título. II. Série.

21-79978   CDU-347.918(81)

Índices para catálogo sistemático:
1. Brasil: Resolução de conflitos: Direito 347.918(81)
Cibele Maria Dias – Bibliotecária – CRB-8/9427

1ª edição, 2022.

Foi feito o depósito legal.

Informamos que é de inteira responsabilidade da autora a emissão de conceitos.

Nenhuma parte desta publicação poderá ser reproduzida por qualquer meio ou forma sem a prévia autorização da Editora InterSaberes.

A violação dos direitos autorais é crime estabelecido na Lei n. 9.610/1998 e punido pelo art. 184 do Código Penal.

Sumário

9 ▪ *Apresentação*

Capítulo 1
13 ▪ **A resolução de conflitos pelos métodos consensuais: a dimensão social do acesso à justiça**
   15 | Garantias de acesso à justiça pelos meios alternativos de solução de conflitos
   20 | O movimento de desjudicialização dos conflitos
   22 | Justiça multiportas
   25 | Modalidades de composição de conflitos

Capítulo 2
35 ▪ **Negociação**
   36 | Conceito e princípios da negociação
   40 | Tipos de negociação
   43 | Fases da negociação
   47 | Técnicas de negociação

Capítulo 3
57 ▪ **Conciliação**
   58 | Definição do instituto
   62 | Classificação da conciliação

65 | O que é (e o que não é) conciliar
71 | A figura do conciliador
81 | Procedimento da conciliação

Capítulo 4
89 ▪ **Mediação**
90 | Considerações iniciais e conceituação do instituto
92 | Âmbito de atuação da mediação
93 | Princípios formadores da mediação
102 | Espécies de mediação
105 | Cláusulas de mediação
108 | Mediadores
118 | O procedimento da mediação

Capítulo 5
133 ▪ **Arbitragem**
135 | Introdução da arbitragem no Estado democrático de direito
141 | Arbitralidade, princípios e características da arbitragem
150 | Convenção de arbitragem e seus efeitos
163 | Árbitros
174 | Procedimento arbitral
189 | Sentença arbitral

213 ▪ *Considerações finais*
217 ▪ *Referências*
231 ▪ *Sobre a autora*

Dedico este livro a meu marido e companheiro de vida, Diogo Hanthorne, e a meu filho amado, Samuel Hanthorne, com todo o meu amor.

Apresentação

Em um Estado democrático de direito, o acesso à justiça depende diretamente da disposição de opções dadas ao cidadão. Assim como não há liberdade de escolha sem as condições mínimas de subsistência de sua vida, também não há liberdade quando é negada ao indivíduo a possibilidade e/ou o incentivo pela busca de outras formas de solução de conflitos, para além das portas do Judiciário.

Diante desse contexto, esta obra destina-se a estudantes e profissionais de direito e a todos que pretendem compreender os métodos aqui apresentados para utilizá-los, de forma prática, em relações empresariais, negociações de produtos e serviços, conflitos entre vizinhos e familiares, entre outras situações. Por essa razão, as técnicas apresentadas neste livro não se destinam exclusivamente ao âmbito jurídico, mas, também, às relações interpessoais e à convivência em sociedade.

Em uma sociedade plural e multifacetária, que se desenvolve diariamente, a resolução de conflitos deve seguir esse mesmo caminho, rumo à constatação, na prática, do acesso à justiça em uma dimensão social. Para tanto, é fundamental compreender que o cidadão tem efetivo acesso à justiça apenas quando lhe é permitida liberdade de escolha. Entretanto, essa liberdade depende fundamentalmente do conhecimento dos cidadãos sobre os métodos adequados de resolução de conflitos.

Para alcançarmos o objetivo principal desta obra – compartilhar nosso conhecimento sobre esses métodos – apresentaremos um panorama sobre negociação, conciliação, mediação e arbitragem em cinco capítulos. O conteúdo foi distribuído para aproximar o leitor da prática de cada um dos métodos, com a apresentação de técnicas objetivas, contudo, sem perder de vista o necessário aprofundamento que o tema exige.

Como não poderia deixar de ser, no Capítulo 1, faremos uma breve introdução dos métodos adequados de resolução de conflitos no ordenamento jurídico brasileiro, com a análise do direito fundamental de acesso à justiça em uma dimensão social, por meio do tribunal multiportas, da desjudicialização e, no âmbito nacional, das formas consensuais de resolução de conflitos já citadas.

No Capítulo 2, abordaremos o método da negociação de conflitos, com a apresentação de suas modalidades e suas respectivas fases. Esses aspectos são essenciais para a compreensão do tópico acerca das técnicas práticas de negociação, que podem ser utilizadas em diversas situações, como relações jurídicas e conflitos interpessoais.

O instituto da conciliação é o método que será analisado no Capítulo 3, no qual apresentaremos a definição desse instituto, suas respectivas modalidades, a figura do conciliador e sua atuação prática em uma sessão. Também abordaremos os impedimentos, a responsabilidade do conciliador e a remuneração auferida para o exercício da atividade. Encerraremos o capítulo tratando do procedimento da conciliação, de suas fases, dos efeitos do acordo e da figura do advogado em uma sessão de conciliação.

No Capítulo 4, trataremos do instituto da mediação, com a abordagem relativa às considerações iniciais do instituto, aos princípios formadores da técnica, às modalidades, às cláusulas de mediação, à figura do mediador e a seus respectivos direitos e deveres no curso de uma mediação. Além desses temas, abordaremos as principais técnicas de mediação e a sua utilização prática.

O instituto da arbitragem é o tema do Capítulo 5, no qual apresentaremos as informações teóricas essenciais: conceituação básica, modalidades, formação do método por meio da convenção de arbitragem e atuação do árbitro, figura essencial para a realização da arbitragem. Também trataremos dos principais aspectos do procedimento arbitral na prática, dos efeitos da sentença arbitral, das custas e despesas e do cumprimento de sentença arbitral.

Ao abordar os institutos da negociação, da conciliação, da mediação e da arbitragem, buscamos a reflexão de que, nas palavras da Prof.ª Ada Pellegrini Grinover, "além da justiça estatal, os conflitos podem ser solucionados pela justiça arbitral e pela justiça conciliativa. Todas elas se apresentam como meios mais ou menos adequados para a solução de cada conflito" (Grinover, 2016, p. 62).

Não há como concebermos que o direito fundamental de acesso à justiça esteja atrelado ao conceito antigo de "acesso ao Judiciário". Não pretendemos, com a presente abordagem, desvincular o Poder Judiciário de todo e qualquer conflito, sob pena de afronta ao exercício do próprio princípio para aquelas causas que, obrigatoriamente, necessitem da outorga judicial, mas, sim, trazer o caráter residual do exercício do Judiciário.

A defesa ao estímulo pelos métodos adequados de resolução de conflitos não se fundamenta no aspecto de que os entes extrajudiciais sejam mais ou menos eficazes, porque essa análise não passa pelo plano da efetividade, neste momento, mas, sim, das oportunidades que precisam ser fornecidas ao cidadão, em aderência à dimensão social do acesso à justiça. É o que a presente obra pretende trazer ao leitor.

Capítulo 1

A resolução de conflitos pelos métodos consensuais: a dimensão social do acesso à justiça

Se a sociedade vive em constante evolução, é fundamental que o direito esteja em consonância com esse processo de mudança. Nesse sentido, é necessário que o Estado inicie uma quebra de paradigma da condição de Estado-administrador para a roupagem de Estado-pacificador, em aderência ao Estado contemporâneo, que baseia a interpretação de seus regramentos em uma visão neoconstitucionalista.

A partir da Constituição Federal de 1988 (Brasil, 1988), os métodos consensuais de resolução de conflitos começaram a ganhar força. Inicialmente, pela Lei n. 9.099, de 26 de setembro de 1995, que instituiu o funcionamento de juizados especiais cíveis e criminais no âmbito estadual (Brasil, 1995), seguida pela Lei n. 9.307, de 23 de setembro de 1996, que tratou da instituição da arbitragem como forma alternativa (Brasil, 1996).

A Resolução n. 125, de 29 de novembro de 2010, do Conselho Nacional de Justiça (Brasil, 2010); a promulgação do Código de Processo Civil de 2015, por meio da Lei n. 13.105, de 16 de março (Brasil, 2015a), e a criação da Lei n. 13.140, de 26 de junho de 2015, Lei de Mediação (Brasil, 2015c), também foram essenciais para o desenvolvimento dos métodos consensuais de solução de conflitos no ordenamento jurídico brasileiro. Mas é preciso ir além e pensar "fora da caixa" inicialmente instituída pelo legislador.

Assim, neste capítulo, buscaremos uma compreensão prática e contemporânea do direito fundamental de acesso à justiça, que, em um Estado democrático de direito, necessita ir além das portas do Poder Judiciário.

— 1.1 —
Garantias de acesso à justiça pelos meios alternativos de solução de conflitos [1]

O direito fundamental de acesso à justiça – princípio da inafastabilidade do controle jurisdicional – está disposto no art. 5º, XXXV, da Constituição Federal de 1988, e sua norma basilar é a de conferir ao cidadão o acesso e/ou salvaguarda de seus direitos (Brasil, 1988).

Por um lado, podemos considerar, com base no histórico do surgimento do Estado, que ter acesso à justiça é sinônimo de acesso ao Poder Judiciário. Por outro lado, também podemos pensar que o acesso à justiça está relacionado diretamente ao direito fundamental à razoável duração do processo ou, até mesmo, a uma "ordem jurídica justa", na visão de Watanabe (1988, p. 128).

Entretanto, como explica Hanthorne (2016, p. 2), "o acesso à justiça pautado no Estado democrático de direito fomenta o anseio por uma releitura desse direito fundamental, que se afasta sobremaneira das conclusões supracitadas e possibilita a construção de uma nova vertente desse direito, pautado em uma dimensão social".

Se, nos primórdios, o acesso à justiça era entendido como acesso ao judiciário, em um Estado democrático de direito, essa

---

1   Este tópico é fruto da dissertação de mestrado da autora (Hanthorne, 2016).

percepção parece não se ajustar às necessidades contemporâneas da sociedade. Como detalha Hanthorne (2016, p. 1),

> no início da civilização romana, os conflitos eram resolvidos por seus indivíduos por meio da autotutela. Todavia, verificou-se que a utilização deste procedimento apenas beneficiava o cidadão mais forte do embate. Era necessário, portanto, a instituição de um ente imparcial, que alcançasse e/ou salvaguardasse o verdadeiro direito da parte lesada. Trata-se do início da *Iurisdictio*: Jurisdição Romana, momento em que ocorreu o surgimento de um "Estado institucionalizado", que passou a abarcar, de forma monopolizada, a resolução dos conflitos dos cidadãos. É a chamada função jurisdicional de "dizer o direito". E um dos reflexos deste contexto é a criação do direito fundamental de acesso à justiça.

Independentemente do aspecto, para que seja verificado o núcleo do acesso à justiça, tanto no campo judicial quanto no extrajudicial, é importante a análise das seguintes vertentes: acessibilidade, operosidade, utilidade e proporcionalidade (Hanthorne, 2016).

Acessibilidade é oportunizar meios cabíveis para a busca/salvaguarda do direito do cidadão em que não cabem "meios alternativos" por uma questão de incompatibilidade porque caminhos, assim como o Poder Judiciário, não podem ser alternativos. Em outras palavras, falamos de uma pluralidade de meios, em que o Judiciário permanece presente e atuante, todavia não mais como único, ou primeiro, mas como último da proteção de princípios fundamentais. O que estamos dizendo é que o Judiciário seria mais uma possibilidade de processamento, à escolha dos interessados, bem como controlador da legalidade dos outros procedimentos (Oliveira, 2014; Hanthorne, 2016).

A questão da **operosidade** está relacionada a técnicas melhores no tratamento das lides, tanto na seara judicial como na extrajudicial, abrangendo desde a ética no curso dos processos até o tratamento devido a cada demanda (Hanthorne, 2016).

O princípio da **utilidade** trata da execução de atos que desencadeiam um resultado útil do direito. Já se verificou, por exemplo, que a utilização da mediação pelo direito de família alcança respostas mais satisfatórias do que se a demanda fosse tratada pelo Poder Judiciário. Para esse princípio, se a prestação não for útil, não há de se falar em acesso à justiça eficaz (Oliveira, 2014).

Por fim, o princípio da **proporcionalidade** trata da dosagem constitucional de cada um dos meios para o alcance do acesso à justiça. Em outras palavras, é necessário que o Estado mostre ao cidadão que há inúmeras maneiras para buscar seu direito, de forma proporcional ao seu anseio (Oliveira, 2014; Hanthorne, 2016).

Esses princípios indicam o modo como podemos enxergar o núcleo do acesso à justiça sob o alicerce de que cabe ao Estado facilitar e informar aos cidadãos que existem outras possibilidades da realização do direito material do indivíduo, que não somente o judicial (Hanthorne, 2016).

> E isto porque, se em sua instituição o acesso à justiça era entendido como sinônimo de Poder Judiciário, em um Estado democrático, hoje este direito fundamental é visto de forma muito mais ampla, pois seu núcleo essencial estaria calcado nas necessidades dos indivíduos, e não na forma de escolha para o alcance de seu direito. Configura-se, como consequência, uma nova roupagem do acesso à justiça no Estado contemporâneo, traduzida em uma dimensão social. (Hanthorne, 2016, p. 22)

Como disposto no art. 5º, inciso XXXV, da Constituição Federal de 1988, ressaltamos que a função jurisdicional do Judiciário na resolução de conflitos sempre permanecerá à disposição do cidadão, independentemente das novas possibilidades de acesso à justiça (Brasil, 1988). Embora o Judiciário não precise ser buscado como primeira e única opção, devemos recorrer a ele de forma subsidiária, para "evitar a sobrecarga do sistema, o que leva, inexoravelmente, ao comprometimento da efetividade e da celeridade da prestação jurisdicional" (Pinho; Stancati, 2016, p. 18).

Santos (2007) pressupõe que, para uma releitura do direito de acesso à justiça como dimensão social, é necessário, primeiramente, amadurecer o conceito de um Estado juiz minimalista. Para esse autor,

> não obstante apresentar-se como um Estado minimalista, é, potencialmente, um Estado maximalista, pois a sociedade civil, enquanto o outro do Estado, autorreproduz-se através

de leis e regulações que dimanam do Estado e para as quais não parecem existir limites, desde que as regras democráticas da produção de leis sejam respeitadas. (Santos, 2007, p. 19)

Santos (2007, p. 27) defende a quebra de alguns paradigmas, diante dos quais é imprescindível uma transformação, já que "é evidente que o sistema judicial não pode resolver todos os problemas causados pelas múltiplas injustiças sociais, mas, todavia, tem que assumir a sua quota-parte de responsabilidade na resolução".

Para que haja uma releitura do acesso à justiça em sua dimensão social, é necessária uma "nova concepção de Estado como articulador integrante de um conjunto hibrido de fluxos, redes, organizações em que se combinam e interpretam elementos estatais e não estatais nacionais, locais e globais, tendo denominado Estado como novíssimo movimento social" (Santos, 2007, p. 30-31).

Uma das expressões mais incisivas do pensamento jurídico crítico atual "é a contestação acerca da exclusividade do direito estatal e, como consequência, a defesa da existência de uma pluralidade de outras ordens jurídicas, também capazes de garantir o acesso à justiça ao cidadão" (Hanthorne, 2016, p. 28).

Como bem explica Santos (2007, p. 77),

> de um ponto de vista sociológico, as sociedades são jurídicas e judicialmente plurais, circulam nelas vários sistemas jurídicos e judiciais, e o sistema jurídico estatal nem sempre

é, sequer o mais importante na gestão normativa do quotidiano da grande maioria dos cidadãos.

Portanto, adotar uma releitura do acesso à justiça em sua dimensão social é trazer a perspectiva de que "a relação entre o sistema jurídico estatal e as outras ordens jurídicas já não são vistas como ordens separadas e culturalmente diferentes" (Santos, 2007, p. 78). Em outras palavras, é a compreensão de que a função jurisdicional também pode ser exercida fora do Poder Judiciário e, ainda assim, garantir o direito fundamental de acesso à justiça ao cidadão (Hanthorne, 2016).

— 1.2 —
O movimento de desjudicialização dos conflitos

A possibilidade de o cidadão buscar seus direitos também por meio de uma vertente extrajudicial nada mais é do que a busca de um novo caminho para a solução de seu problema, para além das portas do Judiciário, portanto um movimento de desjudicializar os conflitos.

Desjudicializar significa desvincular do Poder Judiciário, portanto, como já apontamos, é uma alternativa ao cidadão para efetivar alguns de seus direitos também por outros caminhos, competindo ao Estado somente o monopólio das questões que necessitem, obrigatoriamente, de sua outorga jurisdicional (Oliveira, 2014).

O termo *desjudicialização* ganhou mais notoriedade no ordenamento jurídico brasileiro com a promulgação da Lei n. 11.441, de 4 de janeiro de 2007, que possibilitou a realização de inventários, partilhas e divórcios por vias extrajudiciais (Brasil, 2007). Por meio dessa lei, os arts. 982 e 1124-A foram incluídos no Código de Processo Civil de 1973, vigente na época, e o termo *desjudicialização* passou a ser discutido de forma mais expressiva pela doutrina e pela jurisprudência nacionais.

Com a promulgação da Lei n. 11.441/2007, uma parcela da resolução dos conflitos, mais especificamente os de jurisdição voluntária, foi transferida para as serventias extrajudiciais. Em outras palavras, outorgou a notários e tabeliães a representatividade que antes havia sido esquecida e, como reflexo dessa nova visão de acesso à justiça, o Código de Processo Civil de 2015 – Lei n. 13.105, de 16 de março de 2015 –, em seu art. 3º, passou a estimular outros métodos de resolução de conflitos, como a conciliação, a mediação e a arbitragem (Brasil, 2015a).

A desjudicialização é um movimento, uma proposta cada vez mais presente no ordenamento jurídico brasileiro, que defende que o Poder Judiciário deve ser a última alternativa, e não a única, de modo que apenas a análise das questões que necessitem da outorga judicial caberá ao monopólio estatal; aos demais casos, caberão os métodos adequados de solução de conflitos.

— 1.3 —
Justiça multiportas

Mauro Cappelletti e Bryant Garth (2002) foram os precursores do desenvolvimento dos meios adequados de resolução de conflitos. Esse tema foi abordado de forma específica no Florence Project (Projeto Florença, em português), em que se apresentaram as experiências de inúmeros países, fundamento para designar o conceito de acesso à justiça na perspectiva técnico-jurídica. Esse trabalho é considerado como referencial teórico e prático para a compreensão do acesso à justiça em uma dimensão social.

A ideia relacionada ao termo *tribunal multiportas* foi divulgada por Frank Sander, professor de Harvard Law School, em sua palestra a Variedades de processamento de conflitos, proferida na Pound Conference, em St. Paul, Minnesota, em 1976. A expressão designava um centro único de triagem de casos, em que o interessado seria atendido por um terceiro, o qual analisaria o problema e direcionaria o caso para o método mais satisfatório e adequado para a sua resolução – conciliação, mediação, arbitragem (Watanabe, 2016).

Contudo, segundo Mendes (2015), a ampla divulgação do termo se deu por uma publicação da American Bar Association.

No Brasil, o termo *tribunal multiportas*, também denominado *métodos ou formas adequadas de solução de conflitos* (Mascs), foi consolidado por meio da instituição da Resolução n. 125, de 29 de novembro de 2010, do Conselho Nacional de Justiça, que passou a determinar a Política Judiciária Nacional no tratamento de controvérsias, atribuindo ao Poder Judiciário o estímulo e a ampliação das técnicas consensuais de resolução de conflitos, como a negociação, a conciliação e a mediação, bem como a obrigação no atendimento e na orientação dos cidadãos (Brasil, 2010).

A Resolução n. 125/2010 é um reflexo de práticas que já eram adotadas pelos tribunais na década de 1990, entre elas, a mediação civil, a mediação comunitária, a mediação vítima-ofensor, a conciliação previdenciária e em desapropriações, entre outros projetos. Sua instituição reflete o entendimento apresentado, inicialmente, por Cappelletti e Garth, já que se trata de um

> sistema pelo qual o Estado coloca à disposição da sociedade alternativas variadas para se buscar a solução mais adequada de controvérsias, especialmente valorizados os mecanismos de pacificação (meios consensuais), e não mais restrita a oferta ao processo clássico de decisão imposta pela sentença arbitral. (Cappelletti; Garth, citados por Cahali, 2020, p. 64)

A Resolução n. 125/2010 instituiu também os Centros Judiciários de Solução de Controvérsias e Cidadania (Cejusc), com objetivo de disseminar os núcleos de conciliação e mediação, com sua instituição em todo o Brasil, visando oportunizar um ambiente neutro e adequado para a prática da conciliação e da mediação.

A estrutura criada com a Resolução n. 125/2010 é composta pelo Conselho Nacional de Justiça (CNJ), responsável, no âmbito nacional, por implementar o programa com a participação de uma rede constituída por todos os órgãos do Poder Judiciário e por entidades públicas e privadas parceiras, inclusive, universidades e instituições de ensino; pelos Núcleos Permanentes de Métodos Consensuais de Solução de Conflitos (Nupemecs), que tratam da política judiciária no âmbito dos tribunais estaduais e federais; e pelos Centros Judiciários de Solução de Conflitos e Cidadania (Cejuscs), responsáveis pela execução da política judiciária de tratamento adequado dos conflitos.

Nos espaços designados ao Cejusc, as partes com demandas judiciais são chamadas para tentar resolver o conflito de forma amigável. As sessões no Cejusc também são indicadas para se evitar a propositura de uma ação judicial.

Em caso de êxito na sessão de conciliação ou de mediação, o termo é assinado pelas partes e pelo juiz coordenador do Cejusc. Caso as partes não entrem em consenso, nada do que foi dito na sessão será transcrito para a ata, constando apenas que não se concretizou o acordo. No âmbito do Cejusc, além do juiz coordenador, em cada sede, há também conciliadores e mediadores já previamente capacitados para as sessões, além de servidores, responsáveis pelos tramites administrativos (Soares, 2018).

O termo *tribunal multiportas* reafirma o entendimento de que o acesso à justiça precisa ser vislumbrado em uma dimensão social, com a construção de opções ao cidadão para a busca e/ou a salvaguarda de seus direitos. Nesta obra, os métodos de negociação, conciliação, mediação e arbitragem serão os caminhos apresentados como forma adequada de resolução de conflitos, para além do Poder Judiciário.

— 1.4 —
Modalidades de composição de conflitos

Ao compreender que o acesso à justiça pode ser alcançado para além das portas do Judiciário, é preciso analisar as modalidades de composição de conflitos, as quais contribuem para o acesso à justiça em uma dimensão social. São elas: autotutela; autocomposição, que abarca as seguintes espécies: negociação, conciliação e mediação; heterocomposição, em que se encontram estas espécies: poder judiciário e arbitragem.

— 1.4.1 —
Autotutela

A autotutela, também denominada *autodefesa*, configura-se como o uso da própria força, à revelia da outra parte, para salvaguardar um direito ou impedir uma violação. De acordo com Chiovenda, a *autotutela* pode ser definida como uma atividade "meramente privada, movida por impulsos e intenções particulares e egoísticos, embora consentidos e moderados pelo Estado" (Chiovenda, 2002, p. 58). Por sua vez, Tartuce (2018, p. 33) explica que "o regramento da autodefesa revela-se consentâneo com a situação fática em diversas circunstâncias, já que o Estado não pode estar presente em toda e qualquer ocasião para zelar pela observância da norma".

A autotutela é um método adequado de resolução de conflitos que deve ser utilizado em caráter excepcional e tão somente em determinados casos, como legítima defesa, autodefesa possessória, direito de retenção de bens, entre outros casos. Importante destacarmos que a autotutela não faz parte da desjudicialização, mas de um meio já existente, chancelado pelo legislador, e que pode ser utilizado em caráter excepcional.

No Código Civil, Lei n. 10.406, de 10 de janeiro de 2002, o art. 188 dispõe que

> Art. 188. Não constituem atos ilícitos:
>
> I – os praticados em legítima defesa ou no exercício regular de um direito reconhecido;
>
> II – a deterioração ou destruição da coisa alheia, ou a lesão a pessoa, a fim de remover perigo iminente. (Brasil, 2002)

Com relação à autodefesa possessória, o art. 1.210, parágrafo 1º, do Código Civil, dispõe que

> O possuidor turbado, ou esbulhado, poderá manter-se ou restituir-se por sua própria força, contanto que o faça logo; os atos de defesa, ou de desforço, não podem ir além do indispensável à manutenção, ou restituição da posse. (Brasil, 2002)

Devemos atentar, contudo, que a legítima defesa deverá ser exercida com o esforço necessário para repeli-la, e não como forma de violar direitos de outrem.

Nas obrigações de fazer e não fazer, por sua vez, o Código Civil de 2002 determinou que, em caso de urgência, ante o descumprimento de determinada obrigação, independentemente de autorização judicial, a parte poderá executar ou mandar executar a obrigação de fazer ou, ainda, desfazer o ato praticado. De acordo com Grinover (2007), não se trata de um "cheque em branco" para a atuação do interessado, mas, sim, de um ato em consonância com o disposto em lei, o qual será analisado posteriormente pelo juiz. Segundo essa autora, tal hipótese

> representa uma modalidade congruente com as demais formas de autotutela autorizadas pela lei, [...] que o exercício da autotutela corre por conta e risco de quem dela se utiliza e que o sistema abre ao devedor insatisfeito o acesso à justiça para a aferição dos pressupostos da autotutela, mediante as vias processuais próprias, podendo o credor ser condenado à reparação pelo abuso de direito eventualmente cometido. (Grinover, 2007, p. 19)

Por fim, o direito de retenção de bens está assim disposto no Código Civil:

> Art. 578. Salvo disposição em contrário, o locatário goza do direito de retenção, no caso de benfeitorias necessárias, ou

no de benfeitorias úteis, se estas houverem sido feitas com expresso consentimento do locador.

[...]

Art. 644. O depositário poderá reter o depósito até que se lhe pague a retribuição devida, o líquido valor das despesas, ou dos prejuízos a que se refere o artigo anterior, provando imediatamente esses prejuízos ou essas despesas.

[...]

Art. 681. O mandatário tem sobre a coisa de que tenha a posse em virtude do mandato, direito de retenção, até se reembolsar do que no desempenho do encargo despendeu.

[...]

Art. 742. O transportador, uma vez executado o transporte, tem direito de retenção sobre a bagagem de passageiro e outros objetos pessoais deste, para garantir-se do pagamento do valor da passagem que não tiver sido feito no início ou durante o percurso.

[...]

Art. 1.219. O possuidor de boa-fé tem direito à indenização das benfeitorias necessárias e úteis, bem como, quanto às voluptuárias, se não lhe forem pagas, a levantá-las, quando o puder sem detrimento da coisa, e poderá exercer o direito de retenção pelo valor das benfeitorias necessárias e úteis. (Brasil, 2002)

Esses artigos representam a possibilidade do direito de retenção por meio do uso da autotutela, em razão da urgência da parte, somada ao perigo de perda do objeto que se pretende salvaguardar.

— 1.4.2 —
Autocomposição

Autocomposição é a possibilidade de as partes resolverem os conflitos de forma autônoma e consensual. De acordo com Mancuso (2004, p. 19), essa modalidade de solução de conflitos pode ocorrer "no plano pré-processual (por submissão ao direito da parte, acordos diversos, ajustamentos de conduta, remissão de dívidas) ou no plano judiciário, conciliando-se as partes".

A autocomposição é buscada pelos próprios envolvidos (diretamente ou acompanhados de facilitador), de forma consensual, não imposta. O terceiro, quando presente, funciona como um intermediário ou um facilitador da aproximação e da comunicação entre as partes, instigando a reflexão de cada qual sobre o conflito, sua origem e repercussões, para que estas, voluntariamente, cheguem a um consenso ou a um reequilíbrio da relação.

Como bem destaca Magano (2003, p. 153), "as relações humanas exigem o estabelecimento de diretrizes, que visem à continuidade e ao aprimoramento delas, o que justifica o despontar de leis e de procedimentos de autocomposição". Os tipos de métodos autocompositivos são negociação, conciliação e mediação.

A **negociação** é utilizada rotineiramente para a contratação de produtos ou serviços. Trata-se de uma resolução de forma direta, que, normalmente, é exercida pelos próprios interessados, mas nada impede que seja promovida por terceiros – negociadores. Nesse caso, não será um facilitador, mas um representante de uma das partes, cada qual na defesa dos interesses de seus clientes.

Já a **conciliação** pressupõe a intervenção de um terceiro imparcial para facilitar a composição entre os interessados. Nessa modalidade, um "profissional imparcial intervém para, mediante atividades de escuta e investigação, auxiliar os contendores a celebrar um acordo, se necessário expondo vantagens e desvantagens em suas posições e propondo saídas alternativas para a controvérsia, sem, todavia, forçar a realização do pacto" (Tartuce, 2018, p. 54).

Na conciliação, o terceiro aqui comparece em posição equidistante das partes para ajudá-las a encontrar a melhor solução para o conflito, objetivo principal desse método. Ela é recomendada para conflitos objetivos, em que não tenha ocorrido convivência ou vínculo pessoal anterior. A conciliação é tratada pela Resolução n. 125/2010 do CNJ, pelo Código de Processo Civil de 2015 – Lei n. 13.105/2015 (a partir do art. 3º; arts. 165-175 e 334) e pela Lei n. 13.140/2015, conhecida como *Lei de Mediação*.

A **mediação**, por sua vez, é o meio consensual de "abordagem de controvérsias em que uma pessoa isenta e devidamente capacitada atua tecnicamente para facilitar a comunicação entre as pessoas e propiciar que elas possam, a partir da restauração do diálogo, encontrar formas proveitosas de lidar com as disputas" (Tartuce, 2018, p. 56).

Para facilitarmos a compreensão dos institutos da mediação e da conciliação, destacamos a distinção explicitada por Watanabe (2003, p. 48):

> na mediação, o terceiro é neutro, procura criar as condições necessárias para que as próprias partes encontrem a solução, mas não intervém no sentido de adiantar alguma proposta de solução; na conciliação, isso não ocorreria, ou seja, a intervenção do terceiro é para interferir um pouco mais na tentativa [...] de apaziguar as partes, e, nesse momento, o conciliador poderá sugerir algumas soluções para o conflito.

Os objetivos entre as duas modalidades também são distintos porque, como explica Sales (2003, p. 38), "na conciliação o objetivo é o acordo, ou seja, as partes, mesmo adversárias, devem chegar a um acordo para evitar um processo judicial. Na mediação, as partes não devem ser entendidas como adversárias e o acordo é a consequência da real comunicação entre as partes". Ademais, a diferença também se apresenta na condução da sessão, pelo conciliador e mediador, posto que, "na conciliação, o conciliador sugere, interfere, aconselha. Na mediação, o mediador facilita a comunicação, sem induzir as partes ao acordo" (Sales, 2003, p. 38).

Na mediação, pressupõe-se que as partes já tenham uma relação (jurídico ou pessoal) mais intensa e prolongada, a qual tenha desencadeado o conflito, como dissolução da empresa, relações com a vizinhança, contratos de franquia etc. Ela também é utilizada em relações em que será gerada uma solução do conflito para as partes, uma nova relação com direitos e obrigações recíprocas.

Nesse método, haverá uma profunda investigação do terceiro sobre a inter-relação das partes e a origem do conflito. O foco na mediação é o conflito, e não a solução. Pretende-se, na mediação, o reestabelecimento de uma convivência com equilíbrio de posições, independentemente de se chegar a uma composição, embora esta seja naturalmente desejada. O mediador não julga, não intervém nas decisões e tampouco se intromete nas propostas, oferecendo opções. A mediação também é abordada pela Resolução n. 125/2010 do CNJ, pelo Código de Processo Civil de 2015 (a partir do art. 3º; arts. 165-175 e 334) e pela Lei n. 13.140/2015 (Brasil, 2015c).

— 1.4.3 —
Heterocomposição

É a técnica pela qual as partes elegem um terceiro para "julgar" o conflito, em caráter "definitivo". Também nominada *heterotutela*, *adjudicação* ou *meio adjudicatório*, essa técnica é o meio de solução de conflitos em que um terceiro imparcial define a resposta com caráter impositivo em relação aos contendores. A heterocomposição pode ser compreendida de duas formas:

(i) arbitragem (Lei n. 9.307/1996, atualizada pela Lei n. 13.129, de 26 de maio de 2015) e (ii) jurisdicional, Poder Judiciário.

A arbitragem é um método adequado de solução de conflitos heterocompositivos e adversariais em que as partes, de comum acordo, diante de um litígio ou por meio de uma convenção, estabelecem que um terceiro ou colegiado terá poderes para solucionar a controvérsia, sem a intervenção estatal, sendo que a decisão terá a mesma eficácia que uma sentença judicial.

Carmona (2009, p. 31) define a arbitragem como a técnica de solução de controvérsia pautada pela intervenção "de uma ou mais pessoas que recebem seus poderes de uma convenção privada, decidindo com base nesta convenção sem intervenção do Estado, sendo destinada a assumir eficácia de sentença judicial".

A arbitragem encontra-se disposta em lei específica – Lei n. 9.307/1996, mas também no Código de Processo Civil de 2015, que reforça o caráter jurisdicional do instituto, ao dispor, no art. 3º, que "não se excluirá da apreciação jurisdicional ameaça ou lesão a direito", e destaca, no art. 3º, parágrafo 1º, ser "permitida a arbitragem, na forma da lei" (Brasil, 2015a).

Trata-se de um mecanismo privado de resolução de conflitos, em que a decisão proferida pelo terceiro escolhido (árbitro) é adjudicada, não consensual e tem eficácia de título executivo judicial, conforme art. 515, inciso VII do Código de Processo Civil 2015 (Brasil, 2015a).

Por fim, a jurisdição estatal é exercida sempre que não há o cumprimento, de forma voluntária, de preceito legal, norma ou obrigação imposta. Conforme aponta Barbosa Moreira (2012, p. 3), "o exercício da função jurisdicional visa à formulação e à atuação prática da norma jurídica concreta que deve disciplinar dada situação".

A jurisdição estatal se constitui como modalidade heterocompositiva "apta a propiciar a resposta ao conflito de interesses que não pôde ser debelado pelos próprios envolvidos na relação litigiosa e que precisa de um elemento coercitivo para sua realização" (Tartuce, 2018, p. 64).

A jurisdição estatal, por ter poderes exclusivos próprios, como de coerção e de expropriação de bens, deve ser entendida em seu tripé: poder, função e atividade. Poder porque tem a capacidade de decidir de forma imperativa e impor decisões a terceiros; função, ao exercer o seu aspecto de pacificação social, e atividade de justiça, com a complexidade de atos do juiz, tendentes a cumprir a função jurisdicional que lhe é imposta (Cintra; Grinover; Dinamarco, 2005).

Capítulo 2

Negociação

O ato de negociar é praticado em todos os momentos da vida: em casa, no trabalho, no ambiente escolar, com familiares, amigos, vizinhos, empregados e empregadores. A prática da negociação já está inserida no dia a dia de cada cidadão, visto que grande parte dos compromissos é firmada em uma sociedade por meio dessa prática.

Quando pensamos em negociar, há aqueles que preferem evitar o conflito e se afastar do problema. Outros, ao serem confrontados, anseiam pelo embate, pela discussão, muitas vezes, guiados mais pela emoção do que pela razão. Por fim, há aqueles que preferem ponderar os vários lados da questão e, com o objetivo de resolver o problema, buscam soluções para a controvérsia apresentada (Salles; Lorencini; Silva, 2019).

Neste capítulo, abordaremos todos os aspectos que envolvem a negociação como método de resolução pacífica de conflitos: conceito, princípios, tipos, técnicas e condução das tratativas.

— 2.1 —
Conceito e princípios da negociação

Como define Scavone Junior (2020, p. 277), a negociação é "o conjunto de atos que visam à solução de conflitos das mais variadas espécies, como os conflitos pessoais, profissionais, políticos, diplomáticos, familiares, jurídicos, trabalhistas, empresariais, comerciais etc.". O objetivo principal desse método é a resolução do conflito com a máxima satisfação das partes.

Como um método autocompositivo e consensual de solução de controvérsias, as partes decidem pela resolução do conflito sem a interferência de terceiros porque ainda estão em um estágio de confiança e possível diálogo. Trata-se, portanto, "de uma forma de autocomposição direta entre as partes, diferentemente da mediação e da conciliação, que são formas de autocomposição assistidas por terceiro – o mediador e o conciliador" (Gabbay, 2020, p. 127).

Por ser um método extrajudicial, pode ocorrer no ambiente em que as partes desejarem, já que os participantes detêm plena autonomia da vontade para escolher o local em que será realizada a sessão e para sugerir propostas de acordo para pôr fim à controvérsia. As partes podem ser assistidas por representantes como advogados, familiares e amigos que tenham mais desenvoltura em oratória, por exemplo.

A negociação é tão importante que o estudo de outras técnicas autocompositivas, como conciliação e mediação, passa, obrigatoriamente, pelo estudo da negociação para serem mais bem-compreendidas. Seu objetivo é "um resultado satisfatório para ambas as partes, sem utilização de truques ou de armadilhas, pois a ideia é tratar o outro não como oponente, mas como parceiro para realização de um acordo, que será bom para ambos. Afinal, para realização de um acordo, faz-se necessária a colaboração de todos os participantes" (Fernandes, 2017, p. 14).

Fernandes (2017) apresenta um exemplo bastante conhecido – a disputa de duas crianças por uma laranja – e que, segundo essa autora, foi abordado de forma inicial no curso do Projeto de Negociação de Harvard:

> Imagine que duas crianças estavam brigando há horas para ter a única laranja que havia em casa. A mãe, que não aguentava mais a briga, resolveu solucionar a questão da forma mais justa que ela entendia ser possível, sem questionar nada as filhas. Em sendo assim, a mãe simplesmente dividiu a laranja ao meio, dando metade para cada uma das filhas. Essa, de fato, é a solução mais óbvia, que aparentemente parece ser a mais correta e que a maioria das pessoas tomaria. Entretanto, mais tarde se descobriu o quanto essa solução era insatisfatória e não resolvia o problema de nenhuma das filhas, pois uma filha queria a laranja para fazer suco e a outra queria apenas a casca para brincar. (Fernandes, 2017, p. 15)

Como explica Fernandes (2017), pelo exemplo que citamos, é possível constatar o quanto é importante saber quais são os interesses das partes para a resolução do conflito, sob pena do acordo não surtir o efeito desejado.

De acordo com a teoria da Escola de Harvard, segundo Fernandes (2017) e Salles, Lorencini e Silva (2019), uma boa negociação deve ter como base os seguintes princípios/pressupostos: separar as pessoas dos problemas; focalizar nos interesses em jogo, não na posição das partes; inventar opções de ganho mútuo e insistir em critérios objetivos.

O princípio de **separar as pessoas dos problemas** estabelece que cabe ao negociador não confundir o ponto principal do problema e da pessoa que o traz para a negociação, portanto "deve-se, assim, abolir de qualquer negociação o hábito de fazer acusações pessoais [...]. Tente se colocar no lugar do outro e concentre-se no seu objetivo" (Mourão, 2008, p. 18-19, citada por Fernandes, 2017, p. 15).

Ao negociar com base nesse princípio, trata-se de compreender que "os negociadores são pessoas, seres humanos com emoções, valores e diferentes pontos de vista. São imprevisíveis e esse aspecto humano da negociação pode ser útil ou desastroso" (Gabbay, 2020, p. 131). O aspecto emocional da negociação, em que pese necessite ser separado do problema, não pode ser ignorado.

Outro pressuposto para uma boa negociação – **focalizar nos interesses em jogo, e não na posição das partes** – é o afastamento da disputa por posições e a compreensão de que existem interesses comuns e compatíveis, os quais devem ser levados em consideração. Como explica Gabbay (2020, p. 132), "para se chegar aos interesses, que nem sempre são explícitos, uma técnica básica consiste em se colocar no lugar do outro e pensar em sua escolha (pergunte por quê; por que não) para reconhecer os interesses do outro como parte do problema".

O princípio de **inventar opções de ganho mútuo** significa que, para uma negociação exitosa, as partes devem estar abertas para uma ampla gama de opções. Para isso, é preciso utilizar de técnicas de *brainstorming*, buscar benefícios mútuos e soluções que se sejam compatíveis a ambas as partes.

Por fim, **insistir em critérios objetivos** exige que, a todo o momento da negociação, as partes sejam chamadas para discussões objetivas, no intuito de solucionar o problema, afastando-se de critérios subjetivos. Alguns desses pontos objetivos que devem ser observados são valor de mercado, costumes, opinião especializada, lei, eficiência e execução do acordo, custos, partes envolvidas, entre outros.

— 2.2 —

Tipos de negociação

Os três tipos de negociação – (i) competitiva, (ii) colaborativa e (iii) baseada em princípios – estabelecem relação direta com os princípios que balizam esse método adequado de solução de conflitos.

A negociação **competitiva**, também conhecida como *adversarial*, parte do pressuposto de que sempre haverá um ganhador e um perdedor em uma negociação (Gabbay, 2020). Em outras palavras, sempre um dos participantes terá maior benefício em detrimento do outro.

Nesse sentido, é essencial compreender os aspectos práticos da negociação competitiva. Vejamos o que explica Peixoto (2017, p. 23, grifos do original):

De fato, quando nos deparamos com posições antagônicas (interesses opostos) à nossa, usualmente presumimos que elas refletem interesses também antagônicos. Não obstante, mesmo em situações de conflito, podemos identificar, além dos interesses opostos, alguns interesses comuns (como o dos pais em processo de separação em relação ao bem-estar dos filhos), e mesmo interesses diferentes/distintos, que podem ser complementares entre si. Veja-se o caso da briga pela laranja entre as duas irmãs e a solução que poderia ser dada, caso a mãe tivesse explorado os interesses primeiro para só depois decidir: os interesses de ambas eram distintos, porém complementares em relação à laranja, e, se harmonizados, poderiam explorar todo o potencial do bem pretendido.

A negociação **colaborativa** tem como objetivo a relação entre as partes e o esforço comum que podem fazer em direção a resolução do problema. Busca-se a vantagem para os dois lados (Gabbay, 2020).

A negociação **baseada em princípios**, por sua vez, distancia-se das anteriores porque busca a resolução do conflito por base em seus méritos. Nessa técnica, os interesses que motivaram cada um dos participantes são cruciais para a resolução do conflito, de modo que as diferenças são exploradas para um melhor aproveitamento e ganho dos participantes.

> O método da *negociação baseada em princípios*, desenvolvido no Projeto de Negociação de Harvard, consiste em decidir as questões a partir de seus méritos, e não através de um

processo de regateio centrado no que cada lado se diz disposto a fazer e não fazer. Ele sugere que você procure benefícios mútuos sempre que possível e que, quando seus interesses entrarem em conflito, você insista em que o resultado se baseie em padrões justos, independentes da vontade de qualquer dos lados. O método da negociação baseada em princípios é rigoroso quanto aos méritos e brando com as pessoas. Não emprega truques nem a assunção de posturas. (Fisher; Ury; Patton, 2005, p. 17, grifos nossos)

Gabbay (2020) cita como exemplo a divisão de um bolo entre os irmãos, em que o pai pede aos filhos que um corte o bolo e o outro escolha a primeira fatia. Nesse exemplo, quanto mais igual for o lado cortado, mais chances haverá de ambos os filhos ficarem satisfeitos com as fatias de bolo.

Sobre esse mesmo exemplo, Fernandes (2017, p. 16) argumenta:

Dentro desse contexto, ganha relevo o conceito de escuta ativa, em que o negociador efetivamente busca ouvir e compreender o que o outro tem a falar. Afinal, o elemento mais importante de uma negociação é a informação, a qual pode ser obtida a partir da fala do outro, caso a pessoa esteja preparada para escutar.

— 2.3 —
Fases da negociação

A negociação abrange as seguintes fases: preparação; condução das tratativas, composta pelas fases emotiva, reflexiva e negocial; resultado e, por fim, implementação e avaliação do processo. A seguir, descreveremos cada uma dessas etapas.

— 2.3.1 —
Preparação da negociação

O ponto de partida de uma boa negociação é o momento de sua preparação, pois, com auxílio da preparação, é possível levantar os interesses e as informações da outra parte. Essa fase exige que sejam analisados os seguintes aspectos:

a. clareza do objeto que será discutido;
b. questionamentos que serão arguidos pelas partes;
c. informações que cada participante deverá trazer no dia da negociação;
d. considerações sobre a espécie de negociação que se espera (curto, médio ou longo prazo);
e. possíveis terceiros envolvidos;
f. alternativas que serão apresentadas para a resolução do conflito.

É imprescindível que se dedique o tempo necessário a essa fase para a negociação ser exitosa. De acordo com os princípios supracitados, é necessário refletirmos "sobre os interesses dos envolvidos, as opções e alternativas possíveis, critérios para a escolha da melhor solução bem como as estratégias de como melhorar a comunicação e obter um acordo que seja um compromisso visto como adequado e legítimo a ambos os lados" (Gabbay, 2020, p. 136).

A preparação da negociação é o momento de identificar a motivação e a intenção das partes, portanto é a oportunidade ideal para "investigar aquilo que está oculto, ou seja, os reais interesses e objetivos das partes envolvidas no conflito" (Scavone Junior, 2020, p. 280), com a devida privacidade e sem interferências externas.

— 2.3.2 —
Condução das tratativas

A condução das tratativas é considerada o momento-chave da negociação porque, nele, as partes iniciam o diálogo, expondo interesses, motivações e anseios. Nessa etapa, é comum que as partes se mostrem ansiosas para conhecer as ofertas de acordo e/ou para que apresentem suas opções. Contudo, é necessário ter tranquilidade e discernimento a fim de que as partes não se utilizem de técnicas de negociação como "a barganha, o blefe, a chantagem, a intimidação ou o ataque verbal. Esse não é o início ideal de uma negociação" (Lima, 2017, p. 65).

No momento da condução das tratativas, é possível constatar três fases: (i) emotiva; (ii) reflexiva; (iii) negocial.

A **fase emotiva** é aquela em que as partes são incentivadas por emoções e primeiras impressões, normalmente ocorre no início da condução das tratativas. Nela, não é recomendado que as partes já informem o seu objetivo final e alternativas, mas, sim, que estejam dispostas a ouvir e a ter confiança no outro. Sierralta Rios (2017) argumenta que "a confiança se constrói partindo-se da vontade e da capacidade de ouvir todas as partes e suas pretensões ou reservas", trata-se de compreender que "escutar converte-se na atitude mais conveniente para que um indivíduo confie em outro".

A **fase reflexiva** é o momento em que as partes e mostram dispostas a contribuir para a resolução do conflito, quando fazem perguntas e reperguntas, a fim de descobrir os reais interesses de cada um dos integrantes.

De acordo com Scavone Junior (2020), nessa etapa, é imprescindível a adoção de algumas posturas, como escutar com atenção o que dizem as partes; fazer perguntas que possibilitem respostas amplas, no intuito de fomentar o diálogo; conhecer as peculiaridades do caso; estar atento aos sinais corporais das partes; ser pontual, amistoso e solícito com os participantes.

A **fase negocial**, última etapa da condução nas tratativas, é quando as partes se mostram mais "maduras" para o enfrentamento objetivo da questão. Nela, podemos tratar de preços, prazo de cumprimento, sanções por descumprimento e possíveis reparações.

— 2.3.3 —
Resultado

Como bem explica Vargas (2017, p. 80), na etapa de resultado, busca-se "transformar todo o esforço empregado na preparação, na criação e identificação de valores e interesses, e na distribuição daquilo que foi construído, em um compromisso".

Já Silva et al. (2007, p. 98) afirmam que:

> Não existe uma regra universal para decidir quando está na hora de fechar. [...] Se sentir que o outro lado já esgotou seu limite de concessões, ou que se esvaiu seu limite de tempo, é melhor encerrar as negociações do que arriscar um rompimento do processo.

O compromisso poderá ser firmado por escrito entre as partes, com a possibilidade de se tornar um título executivo extrajudicial (com a assinatura de duas testemunhas – art. 784, inciso III, do CPC/2015) ou, ainda, um título judicial, caso as partes escolham pela homologação do acordo pelo Poder Judiciário (art. 515, III, do CPC/2015). Contudo, nada impede que o acordo seja firmado tão somente de forma verbal.

Caso as partes não cheguem a um consenso, poderão buscar outros métodos de resolução de conflitos ou, ainda, decidir por uma nova sessão de negociação em momento posterior. Quanto mais satisfeitas as partes estiverem com os termos do acordo pactuado, maiores serão as chances de êxito na última etapa: implementação e avaliação do processo.

— 2.3.4 —
Implementação e avaliação do processo

Por fim, a etapa de implementação e avaliação do processo reflete o cumprimento do que foi acordado no momento do resultado. Aqui, as partes já terão determinado a forma de adimplemento da transação, bem como o período de vigência do acordo.

Também é nesse momento que se constata a avaliação do processo, por meio da manutenção da relação de diálogo entre as partes, mesmo após terem passado por um conflito. Na realização de uma negociação, é possível verificar o nível de satisfação e de senso de "justiça" das partes. Já na seara judicial, essa análise se torna mais difícil porque as regras e o resultado prático poderão ser diferentes dos esperados pelas partes.

— 2.4 —
Técnicas de negociação

As técnicas de negociação são ferramentas que exigem não apenas estudo, mas também aprimoramento. Como já estudamos, durante a negociação, os sentimentos das partes podem se intensificar, por isso é fundamental usar as estratégias mais adequadas para cada momento.

Essas técnicas podem ir da pressão à cooperação e abrangem a ameaça ao silêncio, a escuta, além de algumas extraordinárias. Todas elas visam, obviamente, alcançar o êxito na negociação.

Técnicas de pressão

As técnicas de pressão são destinadas a resolver, o mais rápido possível, o problema apresentado pelas partes. As táticas podem ser utilizadas em conjunto ou de forma separada, conforme a espécie de conflito. As principais técnicas dessa categoria são: ameaça, escuta, silêncio e última proposta.

A tática da **ameaça** é bastante delicada e jamais deverá ser utilizada no início de uma negociação, pois, se apresentada no momento inadequado, poderá passar a impressão de desespero e despreparo.

Nas palavras de Sierralta Rios (2017):

> Habitualmente, esse tipo de tática logra exatamente o contrário do que se busca, já que se produz mal-estar à outra parte. Em lugar de fazer com que uma decisão se torne mais fácil, com frequência a torna mais difícil. E, quando uma empresa, um governo, uma associação são fortes, podem se unir para resistir ao que percebem como uma tentativa ilegítima de coação. Por isso, os bons negociadores dificilmente recorrem às correções. Às vezes, as classificações podem procurar unicamente o domínio de um cenário ou o posicionamento de um determinado espaço ou vantagem política.

Recomendamos que essa técnica seja a última opção porque, após sua execução, raramente existe oportunidade para a aplicação de outras táticas, em razão de sua alta carga de emoção. Essa técnica não deve ser utilizada em relações empresariais, de consumo ou de trabalho (Sierralta Rios, 2017).

Contrariamente à ameaça, a **escuta** é a principal técnica utilizada na negociação, indicada para a maioria das relações entre as partes, como consumo, familiar, empresarial, com vizinhos, entre outras.

Para sua aplicação, a parte deve estar disposta a se colocar, de fato, no lugar do outro e ouvir o que a outra parte tem a dizer. Durante a escuta, a expressão corporal é muito importante, visto que braços cruzados, expressões de desconforto e corpo direcionado em sentido oposto ao do interlocutor demonstram que o ouvinte não está interessado no assunto apresentado (Sierralta Rios, 2017).

Outra técnica de pressão é o **silêncio**, o qual permite que se conheça e antecipe os desejos da parte adversa por meio da utilização de longos períodos de silêncio em um diálogo. Como explica Sierralta Rios (2017):

> Não há melhor forma para conseguir que se fale que manter longos períodos de silêncio, já que como pessoas buscarão preenchendo-o, expondo novos conceitos e ideias. Ninguém gosta que se apresente um "buraco", vácuo ou silêncio em um diálogo. Quando isso ocorre, o sujeito que quer impressionar vai nos encher com palavras, o que será uma oportunidade de captar informações e gestos. A única forma de conhecer como pessoas é por meio do que falam e do que fazem.

Com essa prática, a outra parte tentará preencher esse "espaço" com a exposição de suas ideias e pretensões, o que possibilitará a captação de informações objetivas para um acordo.

Em uma negociação, mais do que saber falar, é imprescindível saber ouvir e silenciar (Sierralta Rios, 2017).

Já a tática da **última proposta** visa acelerar o resultado da negociação, sendo bastante utilizada por comerciantes e vendedores quando lançam expressões como "última oportunidade", "único dia de promoção", "chance única".

Bastante eficaz em relações de compra e venda de produtos e de serviços, também infratores/devedores podem utilizá-la em acordos. Entretanto, essa tática será mais proficiente se usada ao final da negociação, porque, se for utilizada logo no início, pode passar a impressão de desespero e despreparo, influenciando negativamente nas tratativas (Sierralta Rios, 2017).

Técnicas cooperativas

A utilização das técnicas cooperativas parte da premissa de que os problemas devem ser considerados em três categorias: (i) problemas cooperativos, em que ambas as partes têm interesse na construção de um acordo que as favoreça de forma igualitária; (ii) problemas de competição, em que os ganhos de uma parte ocorrem com a perda da outra; (iii) problemas neutros, em que uma parte ganha benefícios em detrimento da outra (Sierralta Rios, 2017).

A seguir, abordaremos as técnicas cooperativas de reduzir distâncias, buscar alianças e mediar.

Com a técnica de **reduzir distâncias**, buscamos encontrar um ponto em comum entre os participantes da negociação para diminuir as diferenças que os separam.

Para utilizar essa técnica, logo no início da negociação, devem ser definidos os pontos que as partes pretendem resolver, bem como os critérios coincidentes e divergentes da negociação. A fixação desses critérios é imprescindível para que se avance nas negociações e para evitar que uma das partes suscite algum aspecto que não foi indicado no início das tratativas (Sierralta Rios, 2017).

Por meio da técnica de **buscar alianças**, as partes fazem novas tratativas com o objetivo de sanar o problema existente. Ou, ainda, os participantes estabelecem prazos para a execução de pequenos processos, seja para fortalecer a relação entre as partes, seja com o objetivo de resolver o conflito. A técnica de buscar alianças é indicada para relações empresariais e para aquelas em que as partes pretendem permanecer com o vínculo.

Por fim, por meio da técnica de **mediar**, as partes indicam um terceiro, de confiança, apto a indicar elementos e caminhos para o acordo. Em uma mediação tradicional, o mediador não pode apontar e/ou sugerir elementos para um possível acordo, já que sua função primordial é estabelecer um vínculo mínimo de diálogo entre as partes.

A tática de mediar é pouco utilizada na negociação porque pressupõe a presença de um terceiro para a resolução do conflito, o que desvirtua, de certa forma, o instituto da negociação, como método autocompositivo de solução de conflitos. Contudo, se executada de forma adequada, pode refletir em um acordo satisfatório a ambas as partes (Sierralta Rios, 2017).

Técnicas de agrupamento

As principais técnicas de agrupamento são morcilamento e tática de quatro passos, indicadas para as relações em que haja mais de um problema a ser resolvido. Elas visam fracionar os pontos suscitados pelas partes, a fim de que possam ser resolvidos de forma mais objetiva.

Um bom exemplo para a negociação por meio dessas técnicas é um pedido de divórcio, cumulado com guarda, alimentos e partilha de bens.

O **morcilamento** objetiva dividir a negociação em vários aspectos no intuito de facilitá-la. Por meio dessa técnica, o negociador tem a oportunidade de trazer para a mesa o ponto que mais lhe favoreça, deixando o mais sensível para o final da sessão e também de abrir brechas para novas concessões entre os participantes.

A técnica do morcilamento é indicada para negociações complexas e de grande duração. O resultado prático comum de sua utilização é a solução do conflito por meio da adoção de vários compromissos paralelos e subsequentes, que resultarão no cumprimento integral do acordo (Sierralta Rios, 2017).

Indicada quando as partes se encontram em uma relação estremecida, em que a comunicação e o diálogo estejam conflituosos, a **tática de quatro passos**, também denominada *os degraus de uma escada*, serve para a resolução de conflitos em que seja necessária uma ruptura/quebra na negociação, buscando mais certeza para a concretização do acordo.

Sierralta Rios (2017) defende que, para colocar essa técnica em prática, é necessária a abordagem em quatro etapas, as quais devem ser utilizadas de forma decrescente, pois, quanto mais acima estiverem, melhores serão as vantagens para a parte que a propõe:

- Passo 4: solução máxima e incentivo extremo de uma das partes, com o objetivo de direcionar a sua opinião.
- Passo 3: solução mais vantajosa para uma das partes, mas aceitável para a outra.
- Passo 2: solução aceitável para uma das partes e com certo grau de aprovação pela outra.
- Passo 1: solução ideal para uma das partes e menos vantajosa para a outra.

Essa técnica visa uma ruptura de posições complexas, por isso é indicada para casos em que haja inúmeros interesses em conflito e que possam desencadear outras obrigações. A tática de quatro passos pode ser utilizada em relações comerciais, políticas internacionais, fusões entre empresas etc.

Técnicas extraordinárias

As técnicas extraordinárias devem ser direcionadas à resolução de conflitos em que sentimentos estejam envolvidos. Por essa razão, comumente, relacionam-se a questões de família, entre vizinhos e outras relações que envolvam vínculo afetivo.

As principais técnicas dessa categoria são **ameaça, sentimentos e coerção**.

Como já descrevemos no início desta seção, devemos recorrer à técnica da **ameaça** em última hipótese, em razão de seu alto grau de desconforto.

A técnica de **sentimentos** é a mais abstrata a ser utilizada porque pretende alcançar os sentimentos dos participantes com relação ao problema presente. Ao se utilizar essa técnica, o negociador remeterá a parte a situações já vividas com o outro participante, bem como objetivos e princípios que compartilharam ou que ainda compartilham.

Sierralta Rios (2017) assim exemplifica essa técnica:

> Quando uma mãe diz a seu filho que está indo viajar para estudar em um país bem longe: "Tomara que me encontres quando você volte", querendo lhe dizer que, por favor, não se esqueça dela, que se mantenha em contato, escreva e não retarde o seu retorno. Não disse que não viaje; ainda quando sentida desde o fundo do seu coração. Só está solicitando que se lembre dela. Apela ao sentimento. Da mesma forma, o executivo de uma empresa, ao enfrentar uma reclamação trabalhista, emociona-se e diz que sente muito perder o negócio que lhe proporcionou seu pai por atender aos reclamos salariais do sindicato.

Assim, nessa técnica, utiliza-se uma linguagem mais informal, que pretende atingir a esfera mais íntima de sentimentos do outro participante para a resolução do conflito.

Por fim, a técnica da **coerção** busca usar elementos que possam influenciar a relação e estabelecer as premissas do acordo.

Consideremos a seguinte situação: em uma demanda de divórcio com pedido de pensão alimentícia, quando o pai informa para a ex-esposa a seguinte situação: "Você sabe que meu salário é x e que, portanto, só posso pagar x a título de pensão alimentícia", e continua, "a criança deve permanecer comigo porque o meu rendimento financeiro é maior do que o seu". Essas afirmativas são um exemplo da estratégia de coerção porque se fundamentam em uma situação que é de conhecimento das partes e/ou que pode ser comprovada.

Como vimos, as técnicas descritas nesta seção são essenciais para uma negociação exitosa porque permitem analisar de forma objetiva o conflito, suas nuances e possíveis soluções.

Capítulo 3

Conciliação

Por meio do instituto da conciliação, as partem têm a oportunidade de resolver seu conflito, de forma consensual e, ao mesmo tempo, com a intervenção de um terceiro imparcial.

No presente capítulo, abordaremos a definição desse instituto, suas modalidades, a figura do conciliador e o procedimento adequado para uma conciliação exitosa.

— 3.1 —
Definição do instituto

A conciliação é um método autocompositivo de resolução de conflitos em que as partes, por intermédio de um terceiro imparcial, buscam a resolução judicial ou extrajudicial de seu conflito. O termo *conciliação* deriva do latim *conciliatione*, que significa "ato ou efeito de conciliar; ato de harmonizar os litigantes ou pessoas divergentes; congraçamento; acordo ou concórdia" (Mendes, 2009, p. 122).

Embora os termos *conciliação* e *transação* possam ser utilizados como sinônimos, não o são. Por essa razão, é importante conhecermos o significado de cada um.

Como esclarece Guilherme (2020, p. 60), a conciliação "é um expediente que tem em vista as partes no propósito de prevenirem ou resolverem um litígio [...], já a transação refere-se ao conteúdo".

Nas palavras de Carnelutti (1914, p. 580, tradução nossa), "a transação é a solução contratual da lide e, por essa razão, equivalente contratual da sentença".

Mancuso (2020, p. 290) explica a diferença entre *conciliação* e *transação* da seguinte forma:

> entre conciliação, de um lado, e transação/acordo, de outro, há uma relação de continente e de conteúdo: aquela primeira é o meio, o instrumento, o veículo, de que estes últimos eventos constituem o objeto almejado, ficando claro que, primeiramente, há uma tentativa de composição que, resultando exitosa, é formalizada num acordo, o qual, sendo homologado, constitui título executivo judicial (CPC, art. 515, II). Noutra perspectiva, a conciliação é o modo, a técnica, o método por que se tenta a justa composição do conflito, podendo ocorrer no plano judicial ou fora dele, ao passo que o acordo ou transação configuram o almejado resultado, ao final obtido por meio de concessões recíprocas. Exemplo emblemático é o da celebração de separação ou divórcio consensuais e outras avenças conexas, através da celebração de escritura em tabelionato, dispensada a homologação judicial (Código de Processo Civil, art. 733 e §1º).

Por considerar que é por meio da transação que as partes conciliam, o art. 487, inciso III, do Código de Processo Civil/2015, ao tratar do instituto da conciliação, utiliza-se do termo *transação*, e não *conciliação*, o que significa dizer que "os litigantes se conciliam transigindo" (Guilherme, 2020, p. 60).

O instituto da conciliação encontra-se descrito na Resolução n. 125, de 29 de novembro de 2010, Conselho Nacional de Justiça (Brasil, 2010); no Código de Processo Civil de 2015, a partir dos arts. 3º, 166 e 334 (Brasil, 2015a); e na Lei n. 9.099, de 26 de setembro de 1995 – Lei dos Juizados Especiais Estaduais, marco importante para o efetivo desenvolvimento desse método no ordenamento jurídico brasileiro (Brasil, 1995).

A Resolução n. 125/2010 do Conselho Nacional de Justiça dispõe que tanto a conciliação como a mediação:

> são instrumentos efetivos de pacificação social, solução e prevenção de litígios, e que a sua apropriada disciplina em programas já implementados no país tem reduzido a excessiva judicialização dos conflitos de interesses, a quantidade de recursos e de execução de sentenças. (Brasil, 2010)

Nesse mesmo sentido, o art. 3º, parágrafo 3º, do Código de Processo Civil de 2015, é claro ao expor que os métodos de solução de conflitos, como a mediação e a conciliação, "deverão ser estimulados por juízes, advogados, defensores públicos e membros do Ministério Público, inclusive no curso do processo judicial" (Brasil, 2015a), o que demonstra uma real preocupação do Estado com a administração dos litígios.

A conciliação é indicada para conflitos em que não haja um vínculo anterior entre as partes, conforme o art. 165, parágrafo 2º, do Código de Processo Civil (Brasil, 2015a), já que seu objetivo é um acordo. Podemos citar, entre vários outros possíveis, os seguintes exemplos em que a conciliação é indicada: relações de consumo; acidente de trânsito; reparação de danos materiais e morais.

Soares (2018, p. 78) chama a atenção para o fato de que

> a conciliação não deve ser confundida com a mediação (outro instrumento de pacificação social), uma vez que a conciliação deve ser utilizada sempre que não existir vínculo anterior entre as partes, e isso de fato é muito importante, uma vez que, na conciliação, o que existe é um problema pontual, específico, e assim se busca uma resposta rápida para aquela avença momentânea, ao contrário da mediação, em que os conflitos são provenientes de relações continuadas e, assim, demandam maior participação do mediador.

No instituto da conciliação, um profissional imparcial (conciliador) contribui para que as partes encontrem saídas para a resolução de seu problema, mediante a indicação de opiniões e sugestões. Gonçalves, Goulart e Péres (2020) explicam que, embora não tenha poder jurisdicional impositivo, o conciliador exerce papel ativo na condução do procedimento.

— 3.2 —
Classificação da conciliação

Há dois tipos de conciliação: (i) a conciliação judicial e (ii) a conciliação extrajudicial. Nesta seção, apresentaremos as especificidades de cada uma delas.

A **conciliação judicial** está disposta na parte geral do Código de Processo Civil de 2015, a partir do art. 165, que estabelece que o conciliador atua como auxiliar da justiça e que o seu exercício será dentro dos Centros Judiciários de Solução Consensual de Conflitos (Cejusc) instituídos por cada tribunal (Brasil, 2015a). Ela ocorre no curso de uma demanda judicial, administrada pelo Poder Judiciário, com a homologação do ato pelo juiz, em caso de transação, configurando-se em um título executivo judicial, conforme o art. 515, II, do Código de Processo Civil (Brasil, 2015a).

A conciliação judicial ocorrerá, preferencialmente, no início do processo, conforme dispõem os arts. 319, inciso VII, e 334. Contudo, nada impede que ocorram sessões ao longo do procedimento. Gonçalves, Goulart e Péres (2020, p. 72) esclarecem:

> A conciliação judicial, em especial aquela obtida logo no início do iter procedimental, é vantajosa por razões de funcionalidade do Poder Judiciário e, também porque atende aos princípios da celeridade e efetividade, tão importantes quando se trata de tutela jurisdicional desejável. Ademais, o mecanismo da conciliação atenua a pressão numérica dos processos judiciais, contribuindo para a redução no tempo de tramitação das ações e preservação da qualidade dos serviços prestados.

A conciliação poderá ocorrer dentro de uma audiência de conciliação ou instrução ou, ainda, por meio de minuta de transação apresentada pelas partes, para posterior homologação pelo magistrado.

No caso da conciliação inicial, disposta no art. 334 do Código de Processo Civil de 2015, se uma das partes decidir pela realização da sessão, a outra parte será obrigada a comparecer, nos termos do art. 334, parágrafo 4º, inciso I, do referido diploma (Brasil, 2015a).

Em caso de ausência injustificada, o parágrafo 8º do art. 334 do Código de Processo Civil dispõe que tal ato é considerado "ato atentatório à dignidade da justiça e será sancionado com multa de até dois por cento da vantagem econômica pretendida ou do valor da causa, revertida em favor da União ou do Estado" (Brasil, 2015a).

Com essa imposição, o legislador pretende que as partes tentem resolver o conflito de forma autônoma já no início do processo. Ressaltamos, neste ponto, que a parte é obrigada a comparecer ao ato, mas não é obrigada a celebrar um acordo.

As partes somente estarão desobrigadas do comparecimento apenas nas hipóteses do parágrafo 4º do art. 334, quais sejam: "I – se ambas as partes manifestarem, expressamente, desinteresse na composição consensual; II – quando não se admitir a autocomposição" (Brasil, 2015a).

Os conciliadores participantes da sessão não poderão divulgar ou depor acerca dos fatos apresentados na respectiva sessão de conciliação, em atenção ao dever de sigilo, disposto no art. 166, parágrafo 2º, do Código de Processo Civil (Brasil, 2015a).

Por fim, de acordo com o art. 168 do Código de Processo Civil/2015, as partes poderão escolher um conciliador para conduzir a sessão, ainda que este não esteja cadastrado do tribunal. Esses aspectos serão tratados na Seção 3.4.1.

A **conciliação extrajudicial**, por sua vez, é aquela realizada fora do Judiciário, decorrente de um contrato escrito ou verbal entre as partes. Essa modalidade é regida pela Resolução n. 125/2010 do Conselho Nacional de Justiça (Brasil, 2010) e pelo Código de Processo Civil, em seu art. 167, que trata das câmaras de conciliação privadas (Brasil, 2015a).

Essa modalidade é baseada nas mesmas diretrizes da judicial, entretanto sua realização será em uma câmara privada de conciliação, à escolha das partes e sem a interferência do Poder Judiciário.

Como exemplos de câmaras privadas de conciliação, podemos citar: Centro de Mediação e Arbitragem de Santa Catarina (CMARB/SC); Câmara de Mediação e Arbitragem do Paraná (CMA-PR); Câmara de Conciliação, Mediação e Arbitragem da Associação Comercial da Bahia (ACB); Vamos Conciliar – Câmara de Conciliação e Mediação, em Brasília (DF) e também por meio de uma plataforma digital; Sfera Instituto de Conciliação, Mediação e Arbitragem (Curitiba, PR); Câmara de Conciliação, Mediação e Arbitragem do Rio de Janeiro (CCMA-RJ); Câmara de Arbitragem, Mediação, Conciliação e estudos de São Paulo (CAMCESP), entre outras.

As câmaras privadas de conciliação não se sujeitam ao Poder Judiciário e/ou ao tribunal da respectiva região porque são instituídas com recursos privados. Ao contrário da sessão judicial, em que as partes podem se valer do benefício da assistência judiciária gratuita, nas câmaras privadas, o pagamento das custas compete às partes e elas são, comumente, rateadas entre os participantes.

— 3.3 —
O que é (e o que não é) conciliar

Muito é dito acerca das vantagens da conciliação por meio de adjetivos notórios, como *celeridade, efetividade da solução, autonomia da vontade, acesso a uma solução compatível a ambas as partes* etc. Entretanto, pouco é abordado com relação às possíveis desvantagens da conciliação. Afinal, toda escolha apresenta dois lados.

Repensando a formação de um acordo, Owen Fiss oferece exemplos práticos do que não pode ser considerado uma conciliação: quando a parte aceita determinado termo por ausência de capacidade técnica; por hipossuficiência financeira; por desconhecer o seu real direito frente à situação apresentada; por ser pressionada pelo conciliador ou julgador a celebrar o acordo etc. (Fiss, 2004).

Para Fiss (2004), a celebração de um acordo poderá gerar um desequilíbrio de poder, na medida em que a parte, na maioria das vezes, não detém condições suficientes e/ou informações claras e objetivas das reais possibilidades a seu favor.

Esse autor assim explica:

> O acordo, no processo civil, é análogo à transação penal: geralmente, o consentimento é obtido via coação; a transação pode ser realizada por alguém que não possui autoridade; a ausência de instrução processual e de julgamento cria um subsequente e problemático envolvimento do juiz; e embora os dockets sejam abreviados, a justiça pode não ter sido feita. Assim como a transação penal, o acordo é uma rendição às condições da sociedade de massa e não deveria ser encorajado ou valorizado. (Fiss, 2004, p. 124)

Afinal, o que não é conciliar? É possível estabelecermos um limite nessa linha tênue? De acordo com Fiss (2004), alguns aspectos podem impedir a realização de um acordo "livre", o que, como consequência, pode se considerar um "não acordo". São eles: desequilíbrio do poder, ausência de consentimento legitimo, falta de uma base para o envolvimento judicial continuado e justiça em vez de paz.

O **desequilíbrio do poder** implica a adoção do princípio da igualdade entre as partes e a exigência de que ambas detenham as mesmas condições de negociar, no entanto, Fiss (2004) argumenta que, na maioria dos casos, a parte se submete a um acordo porque não terá condições de arcar com os custos de um processo, como advogado, perícia etc. Portanto, segundo Fiss (2004), a disparidade econômica entre as partes pode ocasionar a realização de um acordo desequilibrado, desproporcional.

Todavia, o desequilíbrio de poder não é consequência apenas da ausência de recursos financeiros, isso vai além porque a ausência de capacidade técnica também contribui. A parte que não detém as informações necessárias com relação à previsão do litígio e suas consequências, certamente, estará em desvantagem na realização de uma conciliação (Fiss, 2004).

A **ausência de consentimento legítimo** também é um fator que contribui para a situação de que um acordo, mesmo realizado, não pode ser considerado uma real conciliação.

Existem situações em que os indivíduos, ainda que cientes dos termos da relação jurídica, encontram-se amarrados a cláusulas contratuais que impedem sua autonomia e livre manifestação de vontade. Isso pode ocorrer, por exemplo, em situações em que os advogados e companhias de seguro celebram acordos favoráveis apenas a eles e que contrariam os interesses dos clientes, como também nos casos em que a situação envolve vários indivíduos em relações complexas, como em ações coletivas (Fiss, 2004).

Não basta que a parte tenha um advogado e/ou um representante adequado em prol de seus interesses, é preciso também que esse terceiro atue de acordo com os interesses de quem o contratou. Mais do que isso, em consonância com os anseios da parte, ainda que não seja tão favorável ao seu representante.

De acordo com Fiss (2004, p. 134), o verdadeiro fundamento para a celebração de um acordo não repousa no consentimento da parte, "mas na proximidade do acordo com relação à decisão judicial".

O autor ainda ressalta que

> na verdade, a decisão nunca foi trazida ao mundo das partes, mas apenas imaginada. É estruturada sem o benefício de um julgamento completo [...] ao comporem-se amigavelmente, as partes litigantes têm todo o interesse em defender o acordo formulado e em convencer o juiz de que está em consonância com o direito. (Fiss, 2004, p. 134)

A **falta de uma base para o envolvimento judicial continuado**, por sua vez, pressupõe que as partes celebram um acordo não porque o querem, mas porque sabem que a ação judicial, por mais que se conclua em uma sentença favorável a seu interesse, não trará a resolução do problema, com a entrega e/ou pagamento do que se pretende, mas, sim, por uma batalha longa e custosa (Fiss, 2004).

A realização de um acordo não pressupõe, portanto, somente a vontade de resolver o problema, mas também o desejo de se evitar uma futura instrução processual.

O conceito de **justiça em vez de paz** é a cultura de que um acordo é a substituição perfeita de um julgamento. Será que um acordo tem esse poder? E se os termos forem desproporcionais e/ou inexecutáveis? Além disso, ainda que os termos sejam coerentes e passíveis de execução, a celebração de um acordo pelo "receio do ajuizamento de uma ação judicial" pode, em verdade, ser considerada como um acordo livre? Ao que parece, não.

É necessário que o acordo seja conduzido e celebrado pelas razões corretas, e não pelo temor de uma decisão judicial e/ou receio na morosidade do judiciário e esvaziamento da pretensão pelo decurso do tempo.

Ao ter ciência do que não é conciliar, podemos elencar o que, de fato, é conciliar.

Conciliar é possibilitar a **participação ativa de ambas as partes**, de forma igualitária, dos termos do acordo, bem como das consequências práticas dele. Nesse aspecto, o conciliador é figura essencial porque cabe a ele o dever de esclarecer as partes sobre todos os efeitos do acordo, com aproximação e tempo de diálogo entre elas.

Nas palavras da Ministra Nancy Andrighi, o conciliador tem o dever de

> usar o tempo que for preciso, permitindo às partes o uso da palavra para desabafarem, e mais, com abnegada paciência, ouvi-las como se aquele fosse o único processo existente em suas mãos, porque é assim que cada litigante imagina o juiz, proporcionando com essa conduta o desarmamento do espírito em conflito. (Andrighi, citada por Alves, 2015)

Conciliar também é **estimular a flexibilidade**, ou seja, que o conciliador incentive as partes a estarem abertas a outras possibilidades. Em outras palavras, explicar às partes que a conciliação tem um viés colaborativo, e não contencioso, no qual ambas devem se esforçar para a conquista de uma decisão compatível a todos os integrantes.

É necessário esclarecer que "o próprio espírito do sistema deve ser transformado, tendo como prioridade a substituição da lógica do confronto judicial (que exacerba o conflito) pela lógica da comunicação e da negociação" (Ganancia, 2001, p. 8).

O ato de **colaborar para a identificação de interesses e soluções criativas** também é conciliar, ou seja, incentivar que as partes apresentem as suas posições e expressem os seus interesses. Como explica Tartuce (2020, p. 223), "os interesses são motivos determinantes de atuação dos indivíduos e incluem preocupações, desejos, temores e expectativas; são imateriais e costumam não ser explicitados. Constituem também o que realmente define o conflito".

Portanto, é preciso compreendermos o que, de fato, as partes desejam com a realização de um acordo, afastando as circunstâncias acirradas ou adjetivos impróprios. E como trazer para a conciliação tais interesses? Para Tartuce, a dica valiosa é que o terceiro imparcial, por meio de perguntas, identifique os interesses dos envolvidos, "dando voz às partes e permitindo-lhes que exponham suas percepções e necessidades" (Tartuce, 2020, p. 224).

Ao compreendermos os reais interesses dos envolvidos, é possível sugerir às partes opções criativas que possibilitem novas soluções para a resolução do conflito. É importante destacar, entretanto, "que o ideal é que as próprias partes tenham, inicialmente, a chance de delinear sua saída; como elas conhecem com profundidade o relacionamento interpessoal, têm condições de melhor discernir opções viáveis e produtivas" (Tartuce, 2020, p. 224-225).

Nesta obra, não pretendemos exaurir o tema tampouco induzir o leitor a qualquer dos lados, mas, sim, trazer a reflexão de que a conciliação não deve ser vista como "tábua de salvação" para a resolução de todo e qualquer conflito porque, nem sempre, a realização de um acordo significa, de fato, o ato de conciliar.

— 3.4 —
A figura do conciliador

O conciliador é figura essencial para a condução do procedimento. É por meio do conciliador que as partes têm a oportunidade de sanar os pontos que lhes impediram, até o procedimento, de realizar uma transação.

— 3.4.1 —
Quem pode ser conciliador?

Para se tornar conciliador, judicial ou extrajudicial, não é necessário curso superior, mas é preciso atender aos seguintes requisitos:

- ser brasileiro nato ou naturalizado;
- ser maior de 18 anos de idade, com capacidade civil completa;
- não ser cônjuge, companheiro ou parente do juiz titular ou do secretário do local em que pretende exercer sua função;
- não exercer qualquer atividade político-partidária.

O conciliador judicial especificamente, além desses requisitos, deverá participar de um curso de formação de conciliadores, oferecido pelo Núcleo Permanente de Métodos Consensuais de Solução de Controvérsias (Nupemec) nos Cejuscs dos tribunais e também por entidades formadoras reconhecidas pela Escola Nacional de Formação e Aperfeiçoamento de Magistrados – Enfam, conforme disposição da Resolução n. 125/2010 do Conselho Nacional de Justiça (Brasil, 2010) e de acordo com o art. 167 do Código de Processo Civil (Brasil, 2015a).

Conforme os arts. 165 a 175 e art. 334 do Código de Processo Civil de 2015, o conciliador judicial atua na qualidade de auxiliar de justiça nas audiências de conciliação, juntamente com os demais integrantes do judiciário (Brasil, 2015a).

Não há requisitos específicos para a atuação dos conciliadores extrajudiciais além das condições básicas com relação à sua capacidade civil, por essa razão eles deverão se balizar pela Lei n. 13.140, de 26 de junho de 2015 (Brasil, 2015c), bem como pelo regimento interno da câmara privada de conciliação em que cada conciliador estiver cadastrado.

Por fim, ressaltamos que não se exige formação em nível superior para os tipos de conciliadores, portanto não é preciso ter formação jurídica, por exemplo, porque não há exigência específica da legislação.

— 3.4.2 —
Princípios éticos do conciliador

De acordo com o art. 166 do Código de Processo Civil, a conciliação e a mediação são fundamentadas pelos princípios de independência, imparcialidade, autonomia da vontade, confidencialidade, oralidade, informalidade e decisão informada (Brasil, 2015a).

Também nesse sentido, o anexo III, art. 1º, da Resolução n. 125/2010 do CNJ dispõe sobre os princípios que devem fundamentar as sessões de conciliação, a saber:

> Art. 1º. São princípios fundamentais que regem a atuação de conciliadores e mediadores judiciais: confidencialidade, decisão informada, competência, imparcialidade, independência e autonomia, respeito à ordem pública e às leis vigentes, empoderamento e validação.
>
> I – Confidencialidade – dever de manter sigilo sobre todas as informações obtidas na sessão, salvo autorização expressa das partes, violação à ordem pública ou às leis vigentes, não podendo ser testemunha do caso, nem atuar como advogado dos envolvidos, em qualquer hipótese;
>
> II – Decisão informada – dever de manter o jurisdicionado plenamente informado quanto aos seus direitos e ao contexto fático no qual está inserido;

III – Competência – dever de possuir qualificação que o habilite à atuação judicial, com capacitação na forma desta Resolução, observada a reciclagem periódica obrigatória para formação continuada;

IV – Imparcialidade – dever de agir com ausência de favoritismo, preferência ou preconceito, assegurando que valores e conceitos pessoais não interfiram no resultado do trabalho, compreendendo a realidade dos envolvidos no conflito e jamais aceitando qualquer espécie de favor ou presente;

V – Independência e autonomia – dever de atuar com liberdade, sem sofrer qualquer pressão interna ou externa, sendo permitido recusar, suspender ou interromper a sessão se ausentes as condições necessárias para seu bom desenvolvimento, tampouco havendo dever de redigir acordo ilegal ou inexequível;

VI – Respeito à ordem pública e às leis vigentes – dever de velar para que eventual acordo entre os envolvidos não viole a ordem pública, nem contrarie as leis vigentes;

VII – Empoderamento – dever de estimular os interessados a aprenderem a melhor resolverem seus conflitos futuros em função da experiência de justiça vivenciada na autocomposição;

VIII – Validação – dever de estimular os interessados perceberem-se reciprocamente como serem humanos merecedores de atenção e respeito. (Brasil, 2010)

O art. 2º da Lei n. 13.140/2015 – Lei de Mediação, aplicado de forma subsidiária ao procedimento da conciliação, também apresenta os princípios regentes do procedimento:

Art. 2º. A mediação será orientada pelos seguintes princípios:

I – imparcialidade do mediador;

II – isonomia entre as partes;

III – oralidade;

IV – informalidade;

V – autonomia da vontade das partes;

VI – busca do consenso; VII – confidencialidade;

VIII – boa-fé. (Brasil, 2015c)

Scavone Junior (2020, p. 291) salienta que, "no que couber – e nos princípios cabe –, as regras da mediação estabelecidas pela Lei 13.140/2015 são aplicáveis à conciliação quando com aquelas regras específicas da conciliação não conflitarem". Em outras palavras, "aquilo que a Lei n. 13.140/2015 enumera exemplificativamente como objeto do litígio se aplicará, também, para a conciliação" (Scavone Junior, 2020, p. 291).

Vejamos a seguir os princípios essenciais que devem ser aplicados pelo conciliador.

O **princípio da independência** determina que o conciliador deverá se manter equidistante das partes, sem qualquer envolvimento de causa ou emocional com qualquer dos participantes da conciliação. Esse princípio também pressupõe que o conciliador atue de maneira livre, ou seja, sem qualquer constrangimento ou pressão.

O **princípio da imparcialidade** determina que o conciliador não pode favorecer, induzir ou coagir qualquer das partes a realizar uma transação. Esse princípio também está relacionado com as causas de impedimento e suspeição do CPC/2015, de modo que é vedado ao conciliador atuar em sessão na qual tenha qualquer vínculo com as partes. Nesse sentido, o parágrafo único do art. 5º da Lei de Mediação, também aplicada à conciliação, é claro ao dispor que o conciliador, antes mesmo de aceitar sua função, deve revelar às partes, "qualquer fato ou circunstância que possa suscitar dúvida justificada em relação à sua imparcialidade para mediar o conflito, oportunidade em que poderá ser recusado por qualquer delas" (Brasil, 2015c).

O **princípio de autonomia da vontade das partes** determina que os participantes da sessão de conciliação chegarão a um acordo se assim desejarem, e não por força ou imposição de qualquer das partes ou mesmo do conciliador, sob pena de nulidade da transação por vício do negócio jurídico – erro, dolo, coação – aplicando-se, nesse caso, os regramentos do Código de Processo Civil de 2015 (Brasil, 2015a).

O **princípio de confidencialidade** dispõe que é vedado ao conciliador fornecer informações a terceiros sobre a sessão de que participou, bem como está impedido de ser testemunha de qualquer das partes, ressalvados os casos de ordem pública e violação da lei, nos termos do art. 166, parágrafos 1º e 2º, do Código de Processo Civil de 2015 (Brasil, 2015a) e arts. 30 e 31 da Lei de Mediação (Brasil, 2015c).

De acordo com o art. 30, da Lei de Mediação, a confidencialidade abrange:

> I – declaração, opinião, sugestão, promessa ou proposta formulada por uma parte à outra na busca de entendimento para o conflito;
>
> II – reconhecimento de fato por qualquer das partes no curso do procedimento de mediação;
>
> III – manifestação de aceitação de proposta de acordo apresentada pelo mediador;
>
> IV – documento preparado unicamente para os fins do procedimento de mediação. (Brasil, 2015c)

No que concerne ao **princípio da oralidade**, Scavone Junior (2020, p. 289) ressalta que, inclusive, não deve haver "registro ou gravação dos atos praticados durante o procedimento de mediação, notadamente, em razão da confidencialidade que, em regra, o cerca, nos termos dos arts. 30 e 31 da Lei n. 13.140/2015 e do art. 166 do CPC".

O **princípio da informalidade** é aspecto crucial na condução do procedimento de conciliação para conferir mais liberdade para as partes exporem suas razões, oposições e, de forma conjunta, alcançarem o resultado esperado. Não há regramento específico sobre a forma como as partes devem falar ou apresentar suas razões (Brasil, 2015c, art. 166, § 4º), cabendo ao conciliador conduzir o procedimento de forma organizada, imparcial e idônea.

O **princípio da decisão informada** estabelece que é papel do conciliador informar às partes sobre todos os direitos que lhes são assegurados na sessão de conciliação, como a confidencialidade, por exemplo, bem como que outorgue aos participantes liberdade e autonomia necessárias para a celebração de uma transação sem qualquer vício de consentimento.

Por fim, elencaremos dois princípios dispostos no art. 2º da Lei de Mediação que devem ser aplicados também na condução da conciliação: (i) isonomia das partes e (ii) busca do consenso.

A **isonomia entre as partes** ordena que o conciliador deve tratar as partes do procedimento de forma igualitária, com a respectiva adequação à sua desigualdade. Por exemplo, em uma situação em que uma das partes seja deficiente auditivo, o conciliador deve conduzir o procedimento em língua brasileira de sinais (Libras), com tradução simultânea para a parte adversa.

A conciliação deve, ainda, ser conduzida pela **busca do consenso**, o que leva ao objetivo primordial da conciliação: um acordo visando colocar fim ao conflito trazido pelas partes.

— 3.4.3 —
Impedimento, suspeição e responsabilidade do conciliador

Conforme disposição do art. 4º da Resolução n. 125/2010, do art. 170 do CPC/2015, bem como do art. 6º da Lei de Mediação, aplicam aos conciliadores os mesmos motivos de impedimentos e suspeições de juízes (art. 144 e 145 do CPC/15).

Em caso de impossibilidade definitiva, o conciliador deve comunicar às partes na primeira oportunidade que houver. Caso o impedimento seja temporário, o conciliador deverá comunicar ao Cejusc ou à Câmara privada em que atua, para que não haja novas atribuições durante o período informado. Se o conciliador, mesmo ciente do impedimento, nada fizer e, posteriormente, esse fato for descoberto, além do descredenciamento perante o tribunal competente e na Câmara privada, em conciliação extrajudicial, o conciliador também poderá responder de forma criminal e cível pelas eventuais perdas que a parte tiver suportado.

Ainda, no âmbito judicial, o conciliador ficará impedido de assessorar, representar ou patrocinar qualquer uma das partes, pelo prazo de um ano, contado do término da última audiência em que atuou, conforme o art. 172 do Código de Processo Civil (Brasil, 2015a). No âmbito extrajudicial, o art. 7º da Resolução n. 125/2010 determina o prazo de dois anos (Brasil, 2010).

Caso o conciliador designado também seja advogado, estará impedido de exercer sua função no foro em que desempenhe sua atribuição de conciliador, conforme o art. 167, parágrafo 5º, do Código de Processo Civil (Brasil, 2015a). No âmbito extrajudicial, esse regramento aplica-se à câmara privada na qual exerça a função de conciliador.

Destacamos que, caso alguma conduta inadequada do conciliador seja identificada, tanto o juiz do processo quanto o juiz coordenador do centro de conciliação poderão afastá-lo por até 180 dias. Esse afastamento deve ser fundamentado e comunicado imediatamente ao respectivo tribunal, para a instauração de procedimento administrativo, conforme parágrafo 2º do art. 173 do Código de Processo Civil (Brasil, 2015a).

Por fim, como a função do conciliador é auxiliar a justiça, ele será responsabilizado caso cometa quaisquer dos atos descritos no art. 173 do Código de Processo Civil:

> Art. 173. Será excluído do cadastro de conciliadores e mediadores aquele que:
>
> I – agir com dolo ou culpa na condução da conciliação ou da mediação sob sua responsabilidade ou violar qualquer dos deveres decorrentes do art. 166, §§ 1º e 2º;
>
> II – atuar em procedimento de mediação ou conciliação, apesar de impedido ou suspeito" (Brasil, 2015a, art. 173), o conciliador poderá responder cível e penalmente pelos prejuízos que der causa, mediante apuração de processo administrativo. (Brasil, 2015a)

Todas as disposições aqui apresentadas também se aplicam à conciliação extrajudicial, desde que não conflitantes com regimento específico da câmara privada, conforme o art. 175, parágrafo único, do Código de Processo Civil (Brasil, 2015a).

— 3.4.4 —
Remuneração

Iniciamos esclarecendo que a conciliação poderá ocorrer de forma gratuita – voluntária, conforme o art. 167, parágrafo 1º, do Código de Processo Civil, ou remunerada, conforme art. 167, parágrafo 6º, desse mesmo documento, para a hipótese de conciliador judicial (Brasil, 2015a).

Para a conciliação judicial, é "o tribunal que determinará o percentual mínimo de atos e, o valor de cada ato, tanto para os Cejuscs quanto para as câmaras privadas cadastradas" (Brasil, 2015a, art. 169, § 2º).

Já para a conciliação extrajudicial, se a câmara privada não estiver cadastrada no tribunal da respectiva região, o valor do ato será o determinado pelo regimento interno da câmara em que o conciliador esteja vinculado.

— 3.5 —
Procedimento da conciliação

Para uma sessão de conciliação exitosa, é imprescindível que o conciliador e os advogados que conduzirão o procedimento tenham o conhecimento adequado de todas as suas fases, de forma objetiva e prática, desviando-se de parâmetros subjetivos que possam interferir no procedimento.

— 3.5.1 —
Regramentos para a condução da sessão de conciliação

Conforme o art. 2º do Anexo III da Resolução n. 125/2010, Código de Ética de Conciliadores e Mediadores Judiciais, o conciliador deverá agir de acordo com as regras especificadas de forma clara e objetiva na respectiva resolução:

> Art. 2º. As regras que regem o procedimento da conciliação/mediação são normas de conduta a serem observadas pelos conciliadores/mediadores para o bom desenvolvimento daquele, permitindo que haja o engajamento dos envolvidos, com vistas à sua pacificação e ao comprometimento com eventual acordo obtido, sendo elas:
>
> I – **Informação** – dever de esclarecer os envolvidos sobre o método de trabalho a ser empregado, apresentando-o de forma completa, clara e precisa, informando sobre os princípios deontológicos referidos no Capítulo I, as regras de conduta e as etapas do processo;
>
> II – **Autonomia da vontade** – dever de respeitar os diferentes pontos de vista dos envolvidos, assegurando-lhes que cheguem a uma decisão voluntária e não coercitiva, com liberdade para tomar as próprias decisões durante ou ao final do processo e de interrompê-lo a qualquer momento;
>
> III – **Ausência de obrigação de resultado** – dever de não forçar um acordo e de não tomar decisões pelos envolvidos, podendo, quando muito, no caso da conciliação, criar opções, que podem ou não ser acolhidas por eles;

IV – Desvinculação da profissão de origem – dever de esclarecer aos envolvidos que atuam desvinculados de sua profissão de origem, informando que, caso sejam necessários orientação ou aconselhamento afetos a qualquer área do conhecimento, poderá ser convocado para a sessão o profissional respectivo, desde que com o consentimento de todos;

V – Compreensão quanto à conciliação e à mediação – Dever de assegurar que os envolvidos, ao chegarem a um acordo, compreendam perfeitamente suas disposições, que devem ser exequíveis, gerando o comprometimento com seu cumprimento. (Brasil, 2010, grifos nossos)

Essas disposições, aplicadas tanto na conciliação judicial quanto na extrajudicial, são exemplos da exigência do legislador de que o conciliador esteja preparado para o procedimento, desde o seu início, com a divulgação das principais informações, até a parte final, com a redação do termo de transação pactuado entre as partes.

A respeito dessas disposições, Soares (2018, p. 82) destaca que "não é função do conciliador dar respostas aos anseios das partes. Tal atitude deve ser deixada de lado. Ele deve, isso sim, auxiliar para que as partes cheguem por si sós a um acordo".

Ressaltamos que o conciliador deve se utilizar de técnicas no procedimento, como as descritas no Capítulo 2.

— 3.5.2 —
Fases do procedimento

Em conjunto com as disposições do art. 2º do Anexo III da Resolução n. 125/2010, as fases do procedimento de conciliação devem ser bem executadas para que ocorra uma transação.

Embora não exista disposição legislativa a respeito dessas fases, a leitura conjunta da Resolução n. 125/2010, da Lei de Mediação, do Código de Processo Civil, e das disposições do CNJ no curso de formação para conciliadores e mediadores indicam que a adoção desses procedimentos/etapas incentiva a realização de uma conciliação exitosa.

Assim, entendemos que a conciliação abrange as seguintes fases: planejamento; recebimento dos participantes; abertura da sessão; esclarecimentos e investigação das propostas e conclusão.

O **planejamento** da sessão se inicia com a atuação do conciliador em momento anterior à chegada dos participantes. Isso significa que, em momento anterior à sessão, é imprescindível que o conciliador verifique se a sala está adequada para receber as partes, com o número de cadeiras suficiente, com iluminação adequada, ambiente arejado e com espaço específico para que as partes possam beber água ou café, por exemplo. Também é necessário que o conciliador faça a revisão de suas anotações e esteja atento ao nome das partes, a fim de que se sintam à vontade e valorizadas na sessão que se iniciará.

Em caso de mais de um conciliador, recomenda-se que também se preparem previamente no que diz respeito à atuação que cada um terá, no intuito de evitar confusão e/ou desconforto no procedimento (Guilherme, 2020).

Em seguida, na fase de **recebimento dos participantes**, é importante que o conciliador cumprimente cada uma das partes, de forma individual, bem como lhes ofereça amenidades que possam existir na sala, como água, café, local para guardar bolsas e outros pertences, entre outros.

Nesse momento, também é importante que o conciliador posicione as partes de forma física, a fim de que estejam confortáveis em seus assentos. As partes devem estar posicionadas de forma equidistante uma da outra e do próprio conciliador, o que transmitirá segurança e imparcialidade. O ideal também é que a mesa seja redonda e/ou facilite a comunicação entre as partes.

Em seguida, na **abertura da sessão** de conciliação, o conciliador deve se apresentar, indicando, desde o início, qualquer impedimento e/ou suspeição que possa haver.

Nessa fase, o conciliador esclarecerá como a sessão se desenvolverá, sempre com o objetivo de deixar os participantes cientes e confortáveis sobre todo o procedimento. Segundo Guilherme (2020 p. 68), nesse momento, o que se pretende é que as partes, "em conjunto, alcancem um denominador comum que as faça se sentirem contentes com o resultado".

É fundamental que o conciliador, nesse momento, esclareça às partes e aos advogados como a conciliação ocorrerá e que ambas terão oportunidade de se apresentar e de expor as suas razões. Além disso, o conciliador deve elucidar que não teve acesso aos autos ou à reclamação da parte autora e que terá conhecimento dos fatos com base no diálogo entre as partes. Essa informação é imprescindível no procedimento para que se outorgue imparcialidade e confiança das partes no conciliador.

Em seguida, inicia-se a fase de **esclarecimentos**, ou investigação, das propostas das partes, quando estas expõem suas razões e intenções com a conciliação, com a apresentação de possíveis propostas ao procedimento. Como destaca Guilherme (2020, p. 70), "é de suma importância que o conciliador esteja disponível para ouvir as pessoas com toda a sua atenção, sempre realizando um exercício interno para que ele não faça julgamentos enquanto a parte fala".

Por fim, após a apresentação das intenções e possíveis caminhos, parte-se para a parte final da sessão – a **conclusão**, quando é lavrada a minuta de transação ou a emissão do termo de audiência, com a informação de que não houve acordo. É importante que, em caso de conciliação exitosa, o conciliador faça a leitura do termo de transação, a fim de que tenham pleno conhecimento do que está registrado e para que possam sanar eventuais dúvidas, caso existam.

— 3.5.3 —
Efeitos do acordo

Conforme disposição do art. 487, inciso III, alínea "b", do CPC/2015, ocorrendo a transação judicial, o processo será extinto com resolução de mérito, o que, como consequência, transformará o acordo realizado em título executivo judicial, nos termos do art. 515, inciso II, do CPC/2015. Em caso de descumprimento, caberá à parte interessada a solicitação de cumprimento de sentença, conforme art. 513 do Código de Processo Civil (Brasil, 2015a).

Ainda, é importante destacar que, em caso de transação extrajudicial, o acordo poderá ter efeitos diversos. Se o conciliador, ou a câmara privada, estiver credenciado no respectivo tribunal, o termo terá eficácia de título executivo extrajudicial, nos moldes do art. 784, inciso IV, do CPC (Brasil, 2015a). Como consequência, em caso de descumprimento, a parte interessada deverá ajuizar execução de título extrajudicial, conforme art. 784 e seguintes do CPC (Brasil, 2015a).

Contudo, caso o conciliador não esteja vinculado, as partes poderão optar pela adoção de título executivo extrajudicial, com a assinatura de duas testemunhas, de acordo com art. 784, III, do CPC/2015, ou a homologação da transação em juízo, que conferirá ao acordo a eficácia de título executivo judicial, conforme art. 515, III, do CPC (Brasil, 2015a).

— 3.5.4 —
A figura do advogado na sessão de conciliação

Conforme o art. 103 e o art. 334, parágrafo 9º, do CPC/2015, para a realização de conciliação judicial, a presença do advogado é obrigatória, em razão de sua capacidade postulatória (Brasil, 2015a). A exceção é para conciliações no âmbito dos juizados especiais, em que a presença do advogado é dispensada em causas de até vinte salários-mínimos, nos termos do art. 9º da Lei n. 9.099/1995 (Brasil, 1995).

No caso da conciliação extrajudicial, nada impede que as partes façam um acordo sem a presença de um advogado. Entretanto, considerando o art. 133 da Constituição Federal de 1988, que dispõe que o "o advogado é indispensável à administração da justiça, sendo inviolável por seus atos e manifestações no exercício da profissão, nos limites da lei" (Brasil, 1988), bem como, em análise conjunta ao art. 10º da Lei de Mediação, que determina que, na mediação extrajudicial, "as partes poderão ser assistidas por advogados ou defensores públicos" (Brasil, 2015c), ressalvando o parágrafo único que define que "comparecendo uma das partes acompanhada de advogado ou defensor público, o mediador suspenderá o procedimento, até que todas estejam devidamente assistidas" (Brasil, 2015c).

Ainda com base na Lei de Mediação, art. 2º, inciso II, ambas as partes devem estar acompanhadas de seus respectivos advogados para assegurar a igualdade de tratamento entre elas.

Capítulo 4

Mediação

O instituto da mediação é o método mais adequado aos conflitos em que as partes tenham alguma relação jurídica e/ou afetiva ou, ainda, que pretendam ter posteriormente. Para que se possa compreender esse método autocompositivo, é necessário conhecer seu conceito inicial, âmbito de atuação, princípios formadores, modalidades de mediação, a figura dos mediadores, o procedimento e as técnicas práticas. Esses pontos serão abordados no presente capítulo.

— 4.1 —
Considerações iniciais e conceituação do instituto

A mediação é um método autocompositivo de solução de controvérsias em que as próprias partes, com o auxílio de um terceiro, imparcial, constroem a resolução do conflito. Compreende-se a mediação como "o processo por meio do qual os litigantes buscam o auxílio de um terceiro imparcial que irá contribuir na busca pela resolução do conflito. Esse terceiro não tem a missão de decidir (nem a ele foi dada autorização para tanto). Ele apenas auxilia as partes na obtenção da solução consensual" (Scavone Junior, 2020, p. 298).

Para Tartuce (2018, p. 203), a mediação pode ser conceituada como "meio consensual de abordagem de controvérsias em que alguém imparcial atua para facilitar a comunicação entre os envolvidos e propiciar que eles possam, a partir da percepção ampliada dos meandros da situação controvertida, protagonizar saídas produtivas para os impasses que os envolvem".

No entendimento de Braga Neto (1999, p. 93), a mediação é uma técnica em que as partes escolhem por um especialista neutro e *expert* no assunto, "que realiza reuniões conjuntas e/ou separadas, com o intuito de estimulá-las a obter uma solução consensual e satisfatória, salvaguardando o bom relacionamento entre elas".

A mediação foi tratada, inicialmente, pela Resolução n. 125, de 29 de novembro de 2010, do Conselho Nacional de Justiça e, em momento seguinte, por uma legislação específica, a Lei n. 13.140, de 26 de junho de 2015 – Lei de Mediação – e também pelo Código de Processo Civil de 2015, Lei n. 13.105, de 16 de março de 2015 (Brasil, 2010; 2015c; 2015a).

O art. 1º, parágrafo único, da Lei de Mediação, define-a como "atividade técnica exercida por terceiro imparcial sem poder decisório, que, escolhido ou aceito pelas partes, as auxilia e estimula a identificar ou desenvolver soluções consensuais para a controvérsia" (Brasil, 2015c).

Segundo Tartuce (2018, p. 204), a conceituação escolhida pelo legislador indica o reconhecimento do instituto no ordenamento jurídico brasileiro como aquele indicado a "proporcionar um espaço qualificado de conversação que permita a ampliação de percepções e propicie ângulos plurais de análise aos envolvidos".

— 4.2 —
Âmbito de atuação da mediação

Ao tratar sobre a mediação, o art. 165, parágrafo 3º, do Código de Processo Civil, dispõe que esse método é indicado, preferencialmente, para casos em que houver vínculo anterior entre as partes, porque, ao contrário da conciliação, a mediação não é o acordo, mas o restabelecimento do diálogo entre as partes.

Conflitos que abranjam questões relacionadas a direito de família, vizinhança, sócios, relações de trabalho e aquelas situações em que as partes pretendam manter um vínculo são as mais indicadas para a resolução por meio da mediação.

Para auxiliar nossa compreensão, apresentamos algumas situações cuja recomendação é que sejam solucionadas pela mediação:

> (a) policêntricos, entendidos como aqueles que apresentam múltiplas situações de tensão, (b) originados de relações continuadas, (c) cuja solução recomende um mecanismo que ofereça confidencialidade, (d) nos quais estão presentes questões culturais, que a jurisdição não levaria em consideração, (e) cujo mérito se relacione com matérias altamente específicas, as quais o juiz não conseguiria compreender adequadamente para decidir, (f) em que a solução jurídica é controvertida, tornando imprevisível a solução adjudicada, (g) que geram custos excessivos se solucionados por meio da jurisdição, (h) que demandem solução rápida. (Caivano; Gobbi; Padilla, citados por Almeida, 2011)

Conforme disposto na Lei de Mediação, na Resolução n. 125/2010 do Conselho Nacional de Justiça e no Código de Processo Civil de 2015, a mediação tem como requisitos básicos: a autonomia e a liberdade das partes na escolha desse método; a disponibilidade do direito envolvido, entendido como aquele que pode ser transacionado pelas partes sem a intervenção do Poder Judiciário ou, ainda, aqueles indisponíveis, mas que admitam transação nos termos do art. 3º da Lei de Mediação. Para essa última hipótese, o parágrafo 2º do art. 3º determina que "O consenso das partes envolvendo direitos indisponíveis, mas transigíveis, deve ser homologado em juízo, exigida a oitiva do Ministério Público" (Brasil, 2015c).

De acordo com Tartuce (2018, p. 205), a principal vantagem da mediação, se comparada a outros métodos de solução de conflitos, "é permitir, casos as pessoas assim o desejem, a continuidade da relação em uma perspectiva de futuro [...] ela propõe que se finalize uma situação controvertida sem comprometer a relação interpessoal em sua integralidade".

— 4.3 —
Princípios formadores da mediação

O art. 2º da Lei de Mediação e o art. 166 do Código de Processo Civil de 2015 dispõem sobre os princípios orientadores desse método de solução de conflitos. São eles: autonomia da vontade das partes; boa-fé; busca do consenso; confidencialidade igualdade entre as partes; da decisão informada; imparcialidade do mediador; oralidade; independência e da informalidade (Brasil, 2015a; 2015c).

Na condução da mediação, é primordial a observância desses princípios, posto que fundamentam e orientam o procedimento nas formas extrajudicial e judicial.

— 4.3.1 —
Contraditório e isonomia

É por meio de um procedimento justo que as partes podem exercer o seu direito, contribuindo, consequentemente, no convencimento do juiz. Esse princípio constitucional não deve ser aplicado apenas no processo judicial, mas também, e principalmente, na seara extrajudicial, por meio da possibilidade de manifestação igualitária das partes; igualdade na concessão de prazos e na produção das provas.

Além do respeito ao contraditório, é necessário que as partes sejam tratadas de forma isonômica no procedimento de mediação. Isso significa dizer que o mediador deverá, a todo o momento, buscar o equilíbrio entre as partes. Ainda,

> equilíbrio de poder é, de fato, o que parece ser (embora relações de poder sejam frequentemente complexas e multifacetadas); que a parte "poderosa" está sendo estratégica ou conivente, embora ela possa, na verdade, estar incerta sobre como agir e basear-se em padrões de poder que ela própria

preferiria mudar; ou que a parte "mais fraca" deseja uma mudança no equilíbrio do poder, embora ela prefira a situação atual por motivos dos quais o interventor não tem conhecimento. (Folger; Bush, 1999, p. 91)

Tal princípio pode ser aplicado, por exemplo, na redesignação da sessão de mediação, quando uma das partes não estiver assessorada por advogado; na exposição clara e objetiva do procedimento da mediação para a parte que não detém conhecimento quanto a este método; na designação da sessão em local de fácil acesso a ambas as partes; na leitura do termo de acordo, caso ocorra, para aquela parte que não é alfabetizada etc.

— 4.3.2 —
Autonomia da vontade e decisão informada

A autonomia da vontade é o princípio basilar da utilização da mediação para a resolução de conflitos e está disposta na Lei de Mediação (art. 2º, inciso V), no CPC/2015 (art. 166) e na Resolução n. 125/2010 do Conselho Nacional de Justiça (CNJ) (Anexo III, art. 2º, inciso II). Nesse sentido, é dever do mediador verificar se a vontade de qualquer das partes pela mediação não está contaminada por qualquer vício, como erro, dolo, coação, e, ainda, que os participantes tenham a compreensão da extensão e dos efeitos de um acordo na mediação.

O exercício da autonomia significa a observância à voluntariedade das partes. Em outras palavras, a sessão de mediação apenas será realizada se ambas as partes estiverem de acordo com o procedimento, ressalvada a hipótese da mediação judicial, disposta no art. 334, parágrafo 4º, do CPC/2015.

A autonomia da vontade implica, na prática, o reconhecimento da liberdade das partes, posto que "os participantes da mediação têm o poder de definir e protagonizar o encaminhamento da controvérsia, o que inclui desde a opção pela adoção do método compositivo até a responsabilidade pelo resultado final" (Tartuce, 2018, p. 215).

A autonomia da vontade, com o reconhecimento da liberdade das partes também passa pela decisão informada do mediador. Diferentemente do Poder Judiciário, que detém o "poder de império" para impor a sua vontade sobre a das partes; na mediação, as partes precisam ter o conhecimento de que o mediador não detém tal prerrogativa e que, caso não haja acordo, nada do que ali foi discutido será registrado ou levado a juízo.

Em muitos casos, as partes não sabem as opções de encaminhamento do conflito, faltando-lhes informações, por isso o princípio da decisão informada deve ser aplicado.

É direito das partes terem conhecimento de todas as informações da sessão de mediação, desde os atos iniciais, os procedimentos durante seu trâmite e os efeitos da realização, ou não, de uma transação. Somente há liberdade quando a parte conhecer adequadamente o método que escolheu para a resolução de seu problema.

— 4.3.3 —
Informalidade e independência

A escolha da mediação pressupõe, inicialmente, a opção de liberdade, voluntariedade e de informalidade do procedimento. Isso significa que não há regramento específico para a condução da sessão de mediação, diferentemente do que ocorre no Poder Judiciário, por exemplo.

A informalidade se revela como elemento que contribui para a comunicação entre os participantes do conflito, mas também destes com o mediador. A flexibilidade do procedimento de mediação favorece, como consequência, o restabelecimento do diálogo entre as partes e o estímulo à realização de um acordo.

A informalidade está relacionada também a outro princípio basilar da mediação que necessita ser observado durante todo o procedimento: a independência dos mediadores na condução do ato.

De acordo com a Resolução n. 125/2010, Anexo III, art. 1º, inciso V, o conciliador e o mediador têm o

> dever de atuar com liberdade, sem sofrer qualquer pressão interna ou externa, sendo permitido recusar, suspender ou interromper a sessão se ausentes as condições necessárias para seu bom desenvolvimento, tampouco havendo dever de redigir acordo ilegal ou inexequível; (Brasil, 2010)

Os conciliadores e, no caso específico, os mediadores, não podem sofrer qualquer pressão ou interferência externa na atuação perante as partes, sob pena de invalidade da própria sessão de mediação, posto que ausente o critério de independência do mediador na condução do procedimento.

— 4.3.4 —
Imparcialidade

Presente em todos os métodos autocompositivos e heterocompositivos de resolução de conflitos, a imparcialidade é princípio essencial para a validade do procedimento. Tanto a Lei n. 13.140/2015 – Lei de Mediação, como a Resolução n. 125/2010 do Conselho Nacional de Justiça, em seu art. 1º, inciso IV, disciplinam que o dever do mediador é "agir com ausência de favoritismo, preferência ou preconceito", cabendo-lhe assegurar que valores pessoais não venham a interferir no procedimento (Brasil, 2010).

Em consonância com o princípio, o art. 5º, parágrafo único da Lei n. 13.140/2015, Lei de Mediação, dispõe que

> A pessoa designada para atuar como mediador tem o dever de revelar às partes, antes da aceitação da função, qualquer fato ou circunstância que possa suscitar dúvida justificada em relação à sua imparcialidade para mediar o conflito, oportunidade em que poderá ser recusado por qualquer delas. (Brasil, 2015c)

O art. 5º da Lei de Mediação também confere "ao árbitro o reconhecimento de auxiliar da justiça, em que incide os motivos de impedimento e suspeição atribuídos ao magistrado" – art. 148, inciso II, do CPC/2015.

Cabe ao mediador agir com transparência, igualdade, isonomia e comprometimento com as partes, para a validade do procedimento, mas principalmente, para a correta condução da sessão de mediação.

— 4.3.5 —
Oralidade

A oralidade é reflexo direto do princípio da informalidade, além de característica própria da mediação, já que tal método se desenvolve, primordialmente, pelo reestabelecimento do diálogo e de tratativas entre as partes.

A exposição oral do mediador e das partes contribui para a percepção dos fatos que circundam a controvérsia, além de possibilitar a melhoria do diálogo entre os participantes.

A oralidade também contribui para a utilização das técnicas de mediação, as quais serão abordadas posteriormente, e que são essenciais para a boa condução da sessão.

— 4.3.6 —
Busca por consenso, cooperação e não competitividade

Um aspecto essencial da mediação é a busca pelo consenso, pelo diálogo e pela cooperação mútua entre as partes. Um ambiente cooperativo é essencial para a condução da mediação, de modo que, caso o mediador verifique que "as partes não estão imbuídas desse espírito, a mediação deve ser desde logo encerrada, informando-se ao juízo a impossibilidade de se atingir uma solução consensual" (Pinho; Mazzola, 2019, p. 94).

O princípio da cooperação é de tamanha importância que foi indicado como norma fundamental do Código de Processo Civil de 2015: "Art. 6º. Todos os sujeitos do processo devem cooperar entre si para que se obtenha, em tempo razoável, decisão de mérito justa e efetiva" (Brasil, 2015a). Se esse regramento deve ser observado no processo judicial comum, certamente assim será outros métodos de solução de controvérsias, tais como a mediação.

É papel do mediador, por meio da utilização de técnicas estratégicas, conduzir a sessão de forma produtiva e objetiva, no intuito de reestabelecimento do diálogo e da realização de um acordo, se possível. Aqui é imperioso destacar que o sucesso de uma mediação não está atrelado à celebração de um acordo. Isso porque, conforme o *Manual de Mediação Judicial*, do Conselho Nacional de Justiça:

> a definição de qualidade em mediação consiste no conjunto de características necessárias para o processo autocompositivo que irá, dentro de condições éticas, atender e possivelmente até exceder as expectativas e necessidade do usuário. Pode-se, portanto, considerar "bem-sucedida" a mediação quando o "sucesso" está diretamente relacionado à satisfação da parte. (Brasil, 2016, p. 106)

Em uma mediação, "acordos são apenas alguns dos diversos bons resultados de mediações de sucesso" (Tartuce, 2018, p. 231). Isso significa dizer que, se, em uma sessão de mediação, as partes que não tinham qualquer diálogo, reestabelecerem tal relação e buscarem elementos para uma futura transação, pode-se considerar que a sessão de mediação alcançou o resultado esperado.

— 4.3.7 —
Boa-fé e confidencialidade

Fio condutor de toda a relação, a boa-fé é elemento essencial na mediação. Significa que "participar com lealdade e real disposição de conversar são condutas essenciais para que a via consensual possa se desenvolver de forma eficiente. Afinal, se um dos envolvidos deixar de levar a sério a mediação, sua postura gerará lamentável perda de tempo para todos" (Tartuce, 2018, p. 231).

A boa-fé também está intimamente ligada ao princípio da confidencialidade, o qual, na prática, mostra-se como uma das vantagens da mediação. Com a aplicação da confidencialidade, as partes têm a liberdade de falar e negociar abertamente uma com a outra, sem o receio de que a conversa seja levada ao juiz ou, ainda, seja utilizada em seu desfavor pela parte adversa.

Trata-se de instrumento que confere às partes que se sintam "à vontade para revelar informações íntimas, sensíveis e muitas vezes estratégicas" (Tartuce, 2018, p. 232), as quais quais, certamente, não seriam reveladas em um procedimento público e/ou na presença daquele responsável pelo julgamento do conflito, por exemplo.

A importância da confidencialidade também está elencada no art. 166, parágrafo 1º, do CPC/2015, e se estende tanto à mediação quanto à conciliação. Por fim, é importante destacarmos o art. 30, parágrafo 1º, da Lei de Mediação, que estabelece que "O dever de confidencialidade se aplica ao mediador, às partes, a seus prepostos, advogados, assessores técnicos e a outras pessoas de sua confiança que tenham, direta ou indiretamente, participado do procedimento de mediação" (Brasil, 2015c).

— 4.4 —
Espécies de mediação

A subseção II da Lei de Mediação trata sobre as modalidades de mediação: extrajudicial e judicial.

Os arts. 21 a 23 da referida lei abordam a espécie extrajudicial da mediação, que é aquela pactuada entre as partes, "por qualquer meio de comunicação, e deverá estipular o escopo proposto para a negociação, a data e o local da primeira reunião" (Brasil, 2015c).

Tendo por fundamento a autonomia e a liberdade, ao decidirem pela adoção da mediação, as partes podem pactuar a escolha do método por documento físico, e-mail e, até mesmo, aplicativo de mensagens instantâneas, como WhatsApp e Telegram, por exemplo. Para que essa escolha seja formalizada, o parágrafo único do art. 21 determina que "o convite formulado por uma parte à outra considerar-se-á rejeitado se não for respondido em até trinta dias da data de seu recebimento" (Brasil, 2015c).

A mediação extrajudicial, também denominada *comum*, é aquela conduzida por qualquer pessoa de confiança das partes. Como explica Tartuce (2018, p. 311):

> A mediação comum pode ser subdividida em institucional, que é aquela conduzida por centros/câmaras ou associações de mediação) e; independente, entendida como aquela que é dirigida por mediadores que não possuem qualquer vínculo com associação ou câmara, e são escolhidos de forma autônoma pelas partes.

É importante destacarmos que a mediação extrajudicial poderá ser escolhida, inclusive, quando estiver em trâmite ação judicial, desde que as partes solicitem ao juiz ou árbitro a suspensão do procedimento, conforme determina o art. 16 da Lei n. 13.140/2015, a Lei de Mediação: "Art. 16. Ainda que haja processo arbitral ou judicial em curso, as partes poderão submeter-se à mediação, hipótese em que requererão ao juiz ou árbitro a suspensão do processo por prazo suficiente para a solução consensual do litígio" (Brasil, 2015c).

Ainda, após a concordância das partes quanto à suspensão do processo judicial ou arbitral, o parágrafo 1º do art. 16 da Lei n. 13.140/2015, Lei de Mediação, dispõe que é irrecorrível dessa decisão (Brasil, 2015c).

Mesmo com a suspensão do processo judicial ou arbitral, o parágrafo 2º do art. 16 da Lei n. 13.140/2015, Lei de Mediação, estabelece que essa condição "não obsta a concessão de medidas de urgência pelo juiz ou pelo árbitro" (Brasil, 2015c). Ademais, conforme parágrafo único do art. 17 da mesma lei: "enquanto transcorrer o procedimento de mediação, ficará suspenso o prazo prescricional" (Brasil, 2015c).

Por fim, os requisitos da cláusula de mediação, elencados nos arts. 22 e 23 da Lei de Mediação (Brasil, 2015c), serão abordados na Seção 4.5.

A **mediação judicial**, por sua vez, é aquela exercida no curso de uma demanda judicial já instaurada e conduzida por mediadores judiciais previamente cadastrados e habilitados pelo Tribunal, tema que será abordado adiante nesta obra.

Diferentemente da mediação extrajudicial, que pode ser dirigida de forma comum ou institucionalizada, por meio de câmaras privadas de mediação, a judicial é conduzida pelos Cejuscs, conforme determinam os arts. 165 e seguintes do CPC/2015, bem como a Resolução n. 125/2010, art. 8º, que estipula que:

> Os tribunais deverão criar os Centros Judiciários de Solução de Conflitos e Cidadania (Centros ou Cejuscs), unidades do Poder Judiciário, preferencialmente, responsáveis pela realização ou gestão das sessões e audiências de conciliação e mediação que estejam a cargo de conciliadores e mediadores, bem como pelo atendimento e orientação ao cidadão. (Brasil, 2010)

Ainda de acordo com o art. 167 do CPC/2015, assim como os conciliadores e mediadores, "as câmaras privadas de conciliação e mediação serão inscritos em cadastro de tribunal de justiça ou de tribunal regional federal" (Brasil, 2015a).

Conforme já expusemos, essas unidades judiciárias são responsáveis pela realização de sessões de conciliação e mediação judiciais, bem como pelo estímulo e pelo fomento aos meios consensuais de solução de controvérsias. A administração dessas unidades é responsabilidade do Conselho Nacional de Justiça, conforme art. 165, parágrafo 1º, do CPC/2015.

— 4.5 —
Cláusulas de mediação

Conforme disposto no art. 2º, parágrafo 1º, da Lei de Mediação, "na hipótese de existir previsão contratual de cláusula de mediação, as partes deverão comparecer à primeira reunião de mediação" (Brasil, 2015c). Ainda no que se refere à cláusula de mediação, o art. 3º determina que: "Pode ser objeto de mediação o conflito que verse sobre direitos disponíveis ou sobre direitos indisponíveis que admitam transação" (Brasil, 2015c) e seu parágrafo 1º: "A mediação pode versar sobre todo o conflito ou parte dele".

Considerando que a mediação é uma opção do indivíduo, a qual se afasta da cláusula de eleição de foro habitual, direcionando o conflito ao Poder Judiciário, em atenção ao princípio da inafastabilidade do controle jurisdicional do Estado, a sua disposição deverá ocorrer de forma expressa e por escrito.

Outra característica da cláusula de mediação é que ela poderá versar sobre direitos disponíveis, mas também indisponíveis, que admitam transação, os quais deverão ser homologados em juízo, com a oitiva do Ministério Público, caso necessário, nos termos do parágrafo 2º do art. 3º da Lei de Mediação.

A mediação pode ser instrumentalizada por meio de três espécies de cláusulas: (i) cláusula padrão, (ii) cláusula escalonada de mediação-arbitragem e (iii) cláusula escalonada de mediação-judiciário.

A **cláusula padrão** de mediação é aquela em que as partes decidem pela utilização apenas da mediação para a resolução do conflito. Essa cláusula pode ser inserida no próprio contrato ou, ainda, de forma separada, por meio do envio de um convite da parte interessada para a outra, se for extrajudicial (art. 21), ou por intimação, se judicial (art. 24). Caso seja realizada a sessão e as partes não cheguem a um consenso, poderão escolher outros métodos para a resolução do conflito: judiciário ou arbitragem, por exemplo.

No que concerne às **cláusulas escalonadas**, o art. 23 da Lei de Mediação dispõe que elas podem ser conceituadas como a previsão contratual em que as partes

> se comprometerem a não iniciar procedimento arbitral ou processo judicial durante certo prazo ou até o implemento de determinada condição, o árbitro ou o juiz suspenderá o curso da arbitragem ou da ação pelo prazo previamente acordado ou até o implemento dessa condição. (Brasil, 2015c)

Trata-se, em verdade, de uma técnica de advocacia colaborativa, já que as partes decidem pela tentativa de ferramentas conciliáveis, antes da adoção de métodos mais impositivos (Pinho; Mazzola, 2019). Na mediação, a cláusula escalonada pode ser direcionada à arbitragem, ou ainda, ao Judiciário.

Na **cláusula escalonada mediação-arbitragem**, as partes, de comum acordo, determinam que, caso não haja êxito na sessão de mediação, os participantes se comprometem a resolver o conflito pela arbitragem. Nesse caso, as partes renunciam à opção pelo Poder Judiciário, em razão da exclusividade do procedimento arbitral. Na elaboração dessa cláusula, recomendamos que contenha o maior número de informações possíveis, como a indicação da câmara de mediação e, posteriormente, a instituição arbitral que conduzirá o litígio, a fim de se evitar cláusulas patológicas, ou seja, sem eficácia e/ou contraditórias.

A **cláusula escalonada mediação-judiciário**, por fim, estipula que as partes necessitam passar pelo procedimento da mediação, para somente após ele, pleitear direitos perante o Judiciário. Muito se aborda a respeito da validade da cláusula, em razão de prerrequisito para que a parte busque o Poder Judiciário. Contudo, têm se preservado tal disposição de vontade, em atendimento à autonomia da vontade das partes, ao princípio do *pacta sunt servanda* e, na concepção "mais ampla da jurisdição, de forma que neste momento, mesmo que não provocado o Judiciário, já haverá jurisdição em sentido lato, observada a nova dimensão dada pelo art. 3º do Código de Processo Civil" (Pinho; Mazzola, 2019, p. 117).

— 4.6 —
Mediadores

A subseção II da Lei de Mediação trata da figura dos mediadores extrajudiciais e judiciais. Conforme dispõe o art. 1º da referida lei,

> é por meio do mediador, que as partes terão a facilitação no diálogo e na compreensão do conflito. Contudo, o papel principal da mediação não compete ao mediador, mas sim, as partes que decidiram por esta técnica, para a solução de seu problema. (Brasil, 2015c)

De acordo com o Enunciado 14 da I Jornada de Prevenção e Solução Extrajudicial de Litígios: "A mediação é método de tratamento adequado de controvérsias que deve ser incentivado pelo Estado, com ativa participação da sociedade, como forma de acesso à Justiça e à ordem jurídica justa" (Brasil, 2016b). E, no que concerne à figura do mediador, o parágrafo único do enunciado dispõe que: "Considera-se mediação a atividade técnica exercida por terceiro imparcial sem poder decisório, que, escolhido ou aceito pelas partes, as auxilia e estimula a identificar ou desenvolver soluções consensuais para a controvérsia" (Brasil, 2015c).

Quanto aos critérios básicos para a escolha do mediador, podemos elencar os seguintes:

> i) A competência e a capacitação do mediador;
>
> ii) A diligência;
>
> iii) A credibilidade e a reputação;
>
> iv) O perfil de atuação e as qualidades do mediador; e
>
> v) O domínio da técnica/da matéria em discussão. (Mazzoneto, 2014, p. 282)

Embora os requisitos para ser mediador sejam diversos nas searas judicial e extrajudicial, sua atuação deve primar pelos mesmos princípios, regramentos e técnicas práticas, posto que, em ambos os casos, o seu objetivo primordial não se altera, qual seja: o reestabelecimento do diálogo entre as partes.

— 4.6.1 —
Critérios para ser um mediador e forma de remuneração

Na subseção II da Lei de Mediação, encontram-se os requisitos para a atuação como mediador extrajudicial e judicial, conforme arts. 9º e 11, respectivamente (Brasil, 2015c).

Para atuar como mediador extrajudicial, a Lei de Mediação, no art. 9º, determina que poderá exercer essa função "qualquer pessoa capaz que tenha a confiança das partes e seja capacitada para fazer mediação, independentemente de integrar qualquer tipo de conselho, entidade de classe ou associação, ou nele inscrever-se" (Brasil, 2015c).

O mediador extrajudicial é aquele escolhido pelas partes, seja por meio de cláusula contratual – art. 22, III –, seja na ausência dessa previsão, quando a parte é convidada a escolher um mediador – art. 22, parágrafo 2º, inciso III (Brasil, 2015c).

Não há regramentos específicos e/ou técnicos para a atuação como mediador extrajudicial, bastando que a parte seja capaz (afastando-se do rol dos arts. 3º e 4º do Código Civil – Lei n. 10.406, de 10 de janeiro de 2002) e que tenha a confiança das partes, como já mencionado. Ainda, não há qualquer exigência de que esse profissional integre uma câmara ou instituição privada de mediação.

Quanto à remuneração do mediador, o valor poderá ser o estabelecido pela câmara na qual o profissional encontra-se vinculado ou, ainda, caso não esteja, por valor sugerido pelo mediador, com a anuência das partes.

Com relação ao mediador judicial, o art. 11 da Lei de Mediação apresenta requisitos mais rígidos para a atuação deste profissional:

> Art. 11. Poderá atuar como mediador judicial a pessoa capaz, graduada há pelo menos dois anos em curso de ensino superior de instituição reconhecida pelo Ministério da Educação e que tenha obtido capacitação em escola ou instituição de formação de mediadores, reconhecida pela Escola Nacional de Formação e Aperfeiçoamento de Magistrados-ENFAM ou pelos tribunais, observados os requisitos mínimos estabelecidos pelo Conselho Nacional de Justiça em conjunto com o Ministério da Justiça. (Brasil, 2015c)

Diferentemente do mediador extrajudicial, para o judicial é exigida a graduação, de pelo menos dois anos, em curso de ensino superior. Não se exige a graduação no curso de Direito, por exemplo, mas sim em qualquer curso, desde que reconhecido pelo Ministério da Educação. Além desse requisito, o profissional deverá participar de um curso de capacitação instituído pelo tribunal da respectiva região em que vai exercer a função.

Quanto ao cadastro dos mediadores, o art. 12 da Lei de Mediação determina que: "Os tribunais criarão e manterão cadastros atualizados dos mediadores habilitados e autorizados a atuar em mediação judicial" (Brasil, 2015c). Em mesmo sentido, é a disposição do art. 167 do Código de Processo Civil de 2015. Ainda, quanto à inscrição e ao desligamento dos mediadores, o parágrafo 2º da Lei de Mediação dispõe que "os tribunais regulamentarão o processo de inscrição e desligamento de seus mediadores" (Brasil, 2015c), assim como os parágrafos 2º e 3º do art. 167 do Código de Processo Civil de 2015 (Brasil, 2015a).

Assim como na mediação extrajudicial, na judicial também é permitido que as partes escolham o mediador, nos termos do art. 168 do Código de Processo Civil de 2015. Contudo, "inexistindo acordo quanto à escolha do mediador ou conciliador, haverá distribuição entre aqueles cadastrados no registro do tribunal, observada a respectiva formação", nos termos do parágrafo 2º do art. 168 do Código de Processo Civil de 2015 (Brasil, 2015a).

No que concerne ao pagamento desse profissional, o art. 13 da Lei de Mediação, bem como o art. 169 do CPC/2015, dispõem que a remuneração paga ao mediador será estipulada pelos tribunais e/ou custeadas pelas partes, nos termos do art. 4º, parágrafo 2º, da Lei de Mediação. Contudo, nada impede que o mediador atue de forma voluntária, limitado, entretanto, o percentual de atos não remunerados, nos termos do art. 169, parágrafos 1º e 2º do CPC/2015.

Para aqueles que não têm condições de custear os valores da mediação judicial, o art. 4º, parágrafo 2º, da Lei de Mediação garante a gratuidade do procedimento.

— 4.6.2 —
Hipóteses de impedimento, suspeição e o dever de revelação do mediador

O art. 5º da Lei de Mediação dispõe que as hipóteses de impedimento e de suspeição do juiz são as mesmas aplicáveis ao árbitro. No CPC/2015, tais hipóteses encontram-se descritas nos arts. 144 a 148 do referido dispositivo.

Nesse contexto, o mediador estará impedido e/ou suspeito de exercer sua função no procedimento judicial ou extrajudicial, segundo Pinho e Mazzola (2019, p. 131), nas seguintes hipóteses:

> i) Em que atuou como procurador da parte, perito, membro do Ministério Público e/ou que tenha atuado como testemunha;
>
> ii) Quando for parte no processo seu cônjuge, companheiro, parente consanguíneo ou afim, em linha reta ou colateral, até o terceiro grau, inclusive;
>
> iii) Quando for herdeiro, donatário ou empregador de qualquer das partes;
>
> iv) Quando houver ação contra parte ou seu advogado;
>
> v) Quando for amigo íntimo ou inimigo de qualquer das partes;
>
> vi) Quando o mediador tiver interesse no resultado do conflito.

Caso a parte venha a constatar qualquer uma das hipóteses, deverá suscitar essa questão na primeira oportunidade que tiver, tanto na seara judicial, por meio de petição dirigida ao juízo, como na extrajudicial, ao coordenador do respectivo centro de mediação.

Além dos impedimentos descritos nos arts. 144 a 148 do CPC/2015, aquele que atuar na qualidade de mediador de qualquer das partes ficará impedido, pelo prazo de um ano, contado da última audiência em que atuou, assessorou, representou ou patrocinou a parte, nos termos do art. 6º da Lei de Mediação, bem como, de acordo com o art. 172 do CPC/2015.

Ainda de acordo com o art. 7º da Lei de Mediação, "o mediador não poderá atuar como árbitro nem funcionar como testemunha em processos judiciais ou arbitrais pertinentes a conflito em que tenha atuado como mediador" (Brasil, 2015c).

O mediador também está impedido de exercer a advocacia nos juízos em que esteja exercendo a sua função, nos termos do art. 167, parágrafo 5º, do CPC/2015. Essa norma se apresenta como uma forma de impedir que a influência do mediador naquele juízo atinja a neutralidade que se espera nos julgamentos.

Com relação a esse aspecto, algumas observações precisam ser feitas. Primeiramente, porque o advogado é indispensável à administração da justiça, nos termos do art. 133 da Constituição Federal de 1988, seus deveres de lealdade, boa-fé e honestidade não podem ser colocados em dúvida por estar atuando como mediador naquela comarca. Isso se justifica porque, além do próprio sorteio imparcial do mediador, conforme art. 167, parágrafo

2º, do CPC/2015, as sessões de mediação ocorrem em locais separados do juízo e não nas próprias varas, conforme art. 165 do CPC/2015 (Brasil, 2015a).

Em segundo, se a designação é feita por sorteio, com a realização fora do juízo, não há como se afirmar que o exercício do advogado como mediador, naquele juízo, será ponto crucial para enfraquecer a imparcialidade e/ou conquistar alguma vantagem em juízo. Afinal, como afirmam Pinho e Mazzola (2019, p. 133), "se o advogado pode ser designado como perito por um juiz e patrocinar outras demandas perante aquele mesmo juízo, por que impedir o advogado mediador judicial, que, via de regra, nem sequer é nomeado pelo magistrado, de exercer a advocacia no juízo em que figura como auxiliar da justiça?".

Ao que parece, essa restrição deve ser atribuída apenas aos mediadores vinculados a um juízo, e não vinculados pelo Cejusc.

Por fim, como terceira e última observação no que concerne ao dever de revelação, de acordo com o art. 5º, parágrafo único, da Lei de Mediação:

> A pessoa designada para atuar como mediador tem o dever de revelar às partes, antes da aceitação da função, qualquer fato ou circunstância que possa suscitar dúvida justificada em relação à sua imparcialidade para mediar o conflito, oportunidade em que poderá ser recusado por qualquer delas. (Brasil, 2015c)

Trata-se de um dever de *disclosure* (divulgação, em português), ou seja, de independência, imparcialidade e transparência do mediador para com as partes. Isso significa que, caso o mediador seja chamado para participar de uma sessão de mediação e perceba que algumas das hipóteses citadas neste tópico estejam presentes, na primeira oportunidade, deverá revelar esse fato. *Disclosure* significa, portanto, divulgar informações a todos os envolvidos em determinada situação; neste caso, a mediação.

Caso o impedimento seja conhecido pelas partes no curso do procedimento de mediação, ela deverá ser interrompida, lavrando-se relatório do ocorrido e solicitando distribuição a novo mediador, nos termos do parágrafo único do art. 170 do CPC/2015 (Brasil, 2015a).

— 4.6.3 —
Responsabilidade do mediador

O art. 8º da Lei de Mediação dispõe que "o mediador e todos aqueles que o assessoram no procedimento de mediação, quando no exercício de suas funções ou em razão delas, são equiparados a servidor público, para os efeitos da legislação penal" (Brasil, 2015c).

Isso significa que, caso venham a descumprir as disposições apresentadas no tópico anterior, no que concerne ao impedimento e à suspeição, poderá ser responsabilizado cível e criminalmente pelas consequências que causar às partes, entretanto não apenas nesses casos.

De acordo com o art. 173 e seus incisos, do CPC/2015, os mediadores encaixados em qualquer das hipóteses indicadas no artigo, além de serem responsabilizados, serão excluídos do respectivo cadastro:

> Art. 173. Será excluído do cadastro de conciliadores e mediadores aquele que:
>
> I – agir com dolo ou culpa na condução da conciliação ou da mediação sob sua responsabilidade ou violar qualquer dos deveres decorrentes do art. 166, §§ 1º e 2º;
>
> II – atuar em procedimento de mediação ou conciliação, apesar de impedido ou suspeito.
>
> § 1º Os casos previstos neste artigo serão apurados em processo administrativo.
>
> § 2º O juiz do processo ou o juiz coordenador do centro de conciliação e mediação, se houver, verificando atuação inadequada do mediador ou conciliador, poderá afastá-lo de suas atividades por até 180 (cento e oitenta) dias, por decisão fundamentada, informando o fato imediatamente ao tribunal para instauração do respectivo processo administrativo. (Brasil, 2015a)

Conforme o art. 173 do CPC/2015 (Brasil, 2015a), caso se verifique qualquer das hipóteses elencadas, além do mediador responder a processo administrativo, poderá ser afastado de suas atividades pelo juiz coordenador pelo prazo de até 180 dias, além da respectiva responsabilização cível e criminal.

— 4.7 —
O procedimento da mediação

Para uma mediação exitosa, é necessária a compreensão de seu procedimento e das regras que regem essa etapa. Muito mais do que reestabelecer o diálogo, é necessário que o mediador conduza a sessão em respeito à posição das partes e às possibilidades que cada qual pretende apresentar.

— 4.7.1 —
Regras de confidencialidade

No início da sessão de mediação extrajudicial ou judicial, é dever do mediador informar às partes acerca da confidencialidade do procedimento, conforme dispõe o art. 14 da Lei de Mediação (Brasil, 2015c).

É necessário que o mediador esclareça às partes que as regras de confidencialidade não se limitam apenas ao compartilhamento, pelo mediador, do que foi discutido na sessão, mas também da opinião, proposta e declarações de vontade das partes, posto que, para se ter o reestabelecimento do diálogo, é necessário que as partes demonstrem claramente as suas intenções com o conflito. Mais do que isso, a confidencialidade também se estende a prepostos, assessores técnicos, advogados e outras pessoas que tenham acompanhado o procedimento.

Todavia, as regras de confidencialidade não são absolutas, ou seja, existem informações que podem ser licitamente utilizadas, conforme elencado por Pinho e Mazzola (2019, p. 139):

a. Com expressa autorização dos mediandos (art. 30 da Lei de Mediação), não podendo o respectivo teor "ser utilizado para fim diverso daquele previsto" (art. 166, §1º do CPC);
b. Nos casos em que a lei exija a sua divulgação, ou seja necessária para cumprimento de acordo obtido pela mediação (art. 30, *caput*, da Lei n. 13.140/2015); e
c. Quando estiverem relacionadas com a ocorrência de crime de ação pública (art. 30, §3º, da Lei de Mediação).

Em outras palavras, a regra de confidencialidade não pode ser utilizada para a omissão de ilícitos ou, ainda, de obrigações tributárias.

— 4.7.2 —
A possibilidade de comediação no procedimento

No procedimento da mediação, a regra geral é que a sessão seja conduzida por um único mediador. Contudo, conforme art. 15 da Lei de Mediação, em função da natureza e da complexidade do conflito, caso seja aconselhável, outros mediadores podem ser admitidos no mesmo procedimento se as partes ou o mediador requererem, com aprovação das partes. Trata-se do instituto da comediação, caracterizado pela condução da sessão de mediação por dois ou mais mediadores, no intuito de contribuir para uma visão mais ampla do conflito apresentado pelas partes (Pinho; Mazzola, 2019).

Na prática, a comediação pode ser compreendida sob três perspectivas: (i) envolve a comunicação e posição de cada uma das partes; (ii) traça experiências entre os mediadores e as partes, criando um feixe de pontos positivos e negativos; (iii) conduz a uma mudança psicológica de "libertação emocional" (Gold, 1984, p. 27, tradução nossa).

De acordo com Mexia (2012, p. 26, grifos do original), a técnica de comediação, se utilizada da forma harmônica e organizada, tem como principais vantagens:

> **1) Melhorar os conhecimentos, percepções e capacidade de escuta dos interventores que muitas vezes provêm de diversas etnias, formações e profissões.** Os mediadores complementam-se um ao outro quanto às suas qualidades, estilos de trabalho e uso de aptidões específicas, ou seja, ao nível dos conhecimentos.
>
> **2) Criar o equilíbrio na equipa de mediação devido à diversidade de mediadores (por exemplo, mulher e homem; caucasiano e africano; advogado e assistente social).** Se os mediadores forem homem e mulher há um equilíbrio de género na sala e um modelo para o equilíbrio de poderes; quando os

mediados são de culturas diferentes e um dos mediadores conhece as tradições e necessidades do casal é fulcral para o desenvolvimento do processo; se os mediadores tiverem diferentes formações torna o processo mais enriquecedor no sentido que se complementam ao nível dos conhecimentos trazendo cada um a sua experiência para o processo.

3) Promover às partes um modelo de comunicação, cooperação e interacção. Os mediadores são um modelo para os mediados no sentido em que transmitem uma modelagem de atitudes cooperativas, de comunicação e interacção.

4) Manutenção de uma boa prática. Durante o processo de mediação a presença de um comediador ajuda a evitar esquecimentos e omissões.

É importante ressaltarmos que a multidisciplinariedade do instituto não é fomentada apenas pela Lei de Mediação, mas também pelo CPC/2015, por meio do art. 694, que dispõe: "Nas ações de família, todos os esforços serão empreendidos para a solução consensual da controvérsia, devendo o juiz dispor do auxílio de profissionais de outras áreas de conhecimento para a mediação e a conciliação" (Brasil, 2015a).

— 4.7.3 —
Suspensão do processo judicial/arbitral

O art. 16 da Lei de Mediação estipula que, mesmo havendo processo arbitral ou judicial em andamento, "as partes poderão submeter-se à mediação, hipótese em que requererão ao juiz ou árbitro a suspensão do processo por prazo suficiente para a solução consensual do litígio" (Brasil, 2015c). Trata-se de uma faculdade das partes, bem como do incentivo para que resolvam os seus conflitos sem a interferência do Estado.

O Código de Processo Civil de 2015 trouxe bastante estímulo aos métodos adequados de solução de conflitos, incluindo a mediação. Esse aspecto não compete apenas às partes, mas também aos magistrados e a todos aqueles que participarem do processo, nos termos do art. 3º, parágrafos 2º e 3º; art. 139, inciso V e do art. 359, do CPC/2015 (Brasil, 2015a).

É justamente nesse contexto que o legislador estabeleceu a possibilidade de suspensão do processo judicial caso as partes decidam pela mediação extrajudicial. Além do respeito à autonomia da vontade das partes, esse ato é considerado um negócio jurídico processual – art. 190 do CPC/2015 (Brasil, 2015a), já que as partes pactuam, de comum acordo e sem a necessidade de anuência do juiz, modificação no curso do procedimento. No entendimento de Talamini (2018, p. 575-579), "a suspensão processual requerida pelas partes para o desenvolvimento de mediação constitui regra especial, inconfundível com a regra geral da mera suspensão convencional".

Por fim, mesmo com a suspensão do procedimento judicial, este fato não impede que o juiz ou o árbitro concedam tutelas de urgência, nos termos do parágrafo 2º do art. 16 da Lei de Mediação (Brasil, 2015c).

4.7.4
Instituição da mediação: primeira reunião

De acordo com o art. 17 da Lei de Mediação, considera-se instituído o procedimento na data para a qual for marcada a primeira sessão de mediação. Esse marco se mostra importante porque, a partir dele, o prazo prescricional ficará suspenso, nos termos do parágrafo único do mesmo artigo. Em outras palavras, se outras reuniões foram marcadas antes desse termo inicial, não terão o condão de suspender o prazo prescricional (Brasil, 2015c).

É na instituição da mediação, seja extrajudicial, seja judicial, que o mediador executa três, das sete fases do procedimento: (i) pré-mediação; (ii) abertura da sessão; (iii) investigação do conflito.

A pré-mediação é a fase inicial do procedimento, na qual o profissional explica às partes como funcionará a sessão, os princípios que a balizam, bem como as implicações da celebração, ou não, de uma transação.

A abertura da sessão determina que o mediador prepare um ambiente favorável à comunicação das partes. São elementos dessa etapa: a escolha de um local arejado e claro; a disposição de uma mesa com cadeiras confortáveis, entre outros. Nessa etapa, busca-se esclarecer as dúvidas que as partes possam ter acerca do procedimento e de suas etapas.

Já na investigação do conflito, o mediador procura analisar a relação entre as partes, com base na oitiva de cada uma delas. Essa etapa é descrita no art. 19 da Lei de Mediação, que dispõe, para desempenhar sua função, "o mediador poderá reunir-se com as partes, em conjunto ou separadamente, bem como solicitar das partes as informações que entender necessárias para facilitar o entendimento entre aquelas" (Brasil, 2015c).

Nessa fase, o mediador deverá se utilizar das técnicas de mediação (as quais serão abordadas na Seção 4.7.8), no sentido de facilitar o diálogo e desenvolver um acordo, nos termos do art. 4º, parágrafo 1º, da Lei de Mediação (Brasil, 2015c). De posse dessas informações, o mediador poderá definir o problema e os possíveis entraves para a resolução do conflito, com vistas ao reestabelecimento do diálogo entre as partes.

É importante destacarmos que, embora seja comum as sessões ocorrerem de forma presencial, nada impede que o procedimento aconteça de forma virtual, desde que as partes estejam de acordo, nos termos do art. 46 da Lei de Mediação (Brasil, 2015c).

— 4.7.5 —
Reuniões posteriores à iniciação da mediação

Conforme disposição expressa do art. 18 da Lei de Mediação, iniciado o procedimento, "as reuniões posteriores com a presença das partes somente poderão ser marcadas com a sua anuência" (Brasil, 2015c). A possibilidade de reuniões posteriores também é elencada no art. 334, parágrafo 2º, do CPC/2015, desde que não ultrapasse o prazo de dois meses entre a data da realização da primeira e da segunda sessão. Nesse mesmo sentido é a disposição do art. 28 da Lei de Mediação, a qual, todavia, elenca o prazo em dias, considerando, como período máximo, 60 dias (Brasil, 2015c).

Independentemente do prazo estipulado pela legislação especial ou pelo CPC/2015, é fato notório que o intuito do legislador com a imposição de prazos curtos é para que as partes não percam a "condução das tratativas" entre a primeira e segunda sessão, evitando-se, como consequência, o rompimento das tratativas.

Assim, caso as partes decidam por reuniões posteriores à primeira, haverá a execução de outras três fases do procedimento. Contudo, caso decidam que o procedimento ocorrerá em uma única sessão, as fases indicadas anteriormente serão realizadas de forma conjunta, logo na primeira sessão. São elas: investigação do conflito; agenda e restabelecimento da comunicação.

Em sequência às fases executadas na primeira sessão, passa-se à investigação do conflito, momento em que o mediador procura analisar a relação entre as partes, com base na oitiva de cada uma delas. De posse dessas informações, o mediador poderá definir o problema e os possíveis entraves para a sua resolução.

Caso ainda seja necessário, executa-se a fase da agenda em que o mediador tem a função de designar nova sessão de mediação, desde que não ultrapasse os prazos descritos anteriormente.

O restabelecimento da comunicação, próxima etapa da mediação, tem como objetivo reconectar a comunicação entre as partes, no intuito de tornar o diálogo possível e, como consequência, de construir bases sólidas para a propositura de soluções pelas partes. Nesse momento, assim como durante todo o procedimento, o mediador deverá conduzir a sessão de acordo com os princípios da mediação – art. 2º da Lei de Mediação (Brasil, 2015c), bem como se utilizar das técnicas específicas, visando facilitar o diálogo e consenso entre as partes.

— 4.7.6 —
Encerramento do procedimento

É no encerramento do procedimento que se executam as três últimas fases da mediação: (i) levantamento de alternativas; (ii) negociação e escolha de opções, e (iii) fechamento.

No levantamento de alternativas, o mediador tem a função de orientar o diálogo entre as partes, incentivando-as a, por meio do restabelecimento dos laços de comunicação, buscar as melhores soluções para a resolução do litígio.

Já na fase de negociação e escolha de opções, cabe ao mediador promover e tornar concretas as alternativas apresentadas pelas partes, a partir da aproximação dos interesses de cada uma.

De acordo com o art. 20 da Lei de Mediação,

> Art. 20. O procedimento de mediação será encerrado com a lavratura do seu termo final, quando for celebrado acordo ou

quando não se justificarem novos esforços para a obtenção de consenso, seja por declaração do mediador nesse sentido ou por manifestação de qualquer das partes. (Brasil, 2015c)

Em outras palavras, no fechamento, ocorre a conclusão da sessão, seja por meio da confecção de uma transação, seja pela elaboração de uma ata de mediação em que conste a ausência de acordo entre as partes (Brasil, 2016).

Finalizada a mediação por acordo na modalidade extrajudicial, o termo constitui-se como título executivo extrajudicial, nos termos do parágrafo único do art. 20 da Lei de Mediação. Contudo, se a transação for homologada judicialmente, será transformada em título executivo judicial, nos termos do art. 515, incisos II e III, do CPC/2015 (Brasil, 2015a).

No caso de mediação judicial, caso o conflito seja resolvido por acordo em sessão, o art. 29 da Lei de Mediação (Brasil, 2015c) dispõe que não serão devidas custas judiciais finais.

— 4.7.7 —
A figura do advogado na mediação

Com relação à mediação judicial, o art. 26 da Lei de Mediação é claro ao dispor que: "As partes deverão ser assistidas por advogados ou defensores públicos, ressalvadas as hipóteses previstas nas Leis n. 9.099, de 26 de setembro de 1995, e n. 10.259, de 12 de julho de 2001" (Brasil, 2015c). As exceções apresentadas pelo artigo referem-se à desnecessidade de advogado no âmbito dos juizados especiais estaduais e federais, em causas de até 20 salários-mínimos, nos termos do art. 9º da Lei n. 9.099/1995. Nesse mesmo sentido é também a disposição dos arts. 334, parágrafos 4º e 9º, ambos do CPC/2015 (Brasil, 2015a).

Na mediação extrajudicial, não há disposição específica sobre a exigência da presença de advogado. Contudo, considerando que o advogado é essencial à administração da justiça, conforme dispõe o art. 133, inciso V, do CPC/2015, entende-se que, se uma das partes estiver acompanhada de advogado e a outra não, pelo princípio da isonomia, deve o mediador redesignar o ato, com a determinação para que a parte constitua advogado para acompanhamento da sessão e, caso não tenha condições, com a assistência da Defensoria Pública, nos termos do art. 26, parágrafo único e art. 185 do CPC/2015.

Convém registrar que, embora as partes devam comparecer ao procedimento, nada impede que constituam procurador com poderes específicos para transigir, nos termos do art. 334, parágrafo 10º, do CPC/2015, disposição que, a nosso ver, é cabível tanto na mediação judicial quanto na judicial.

Por fim, em caso de ausência injustificada na sessão de mediação judicial, o art. 334, parágrafo 8º, do CPC/2015 determina a imposição de multa de até dois por cento da vantagem econômica pretendida ou do valor da causa, considerado tal ato como atentatório à dignidade da justiça. Já em caso de ausência na mediação extrajudicial, o art. 22, parágrafo 2º, inciso IV, da Lei de Mediação determina "assunção por parte desta de 50% das custas e honorários sucumbenciais caso venha a ser vencedora em procedimento arbitral ou judicial posterior, que envolva o escopo da mediação para a qual foi convidada" (Brasil, 2015c).

— 4.7.8 —
Técnicas de mediação

A Lei de Mediação não apresenta, de forma expressa, as técnicas que podem ser utilizadas nesse procedimento porque não existe uma única técnica a ser aplicada, ela mostra, sim, a utilização de forma conjunta, a depender de cada caso concreto.

É por meio das técnicas que buscamos aprimorar determinado procedimento. Em outras palavras, o exercício de uma técnica somente faz sentido se houver um propósito em sua utilização, "daí a ideia de que todo objetivo traçado sem o aporte de uma técnica destinada a proporcionar sua consecução é estéril; e é cega toda técnica construída sem a visão clara dos objetivos a serem atuados" (Dinamarco, 2003, p. 273-274).

Estabelecida a relação entre a técnica e a sua finalidade, é necessário destacar, de fato, quais são os objetivos e as finalidades da mediação, a fim de que se possa compreender a utilização de técnicas práticas para o objetivo que se pretende alcançar. Tartuce (2018, p. 252) explica que "é possível identificar como finalidades o restabelecimento da comunicação, a possibilidade de preservação de relacionamento em bases satisfatórias (caso tal manutenção seja necessária e/ou desejada), a prevenção de conflitos, a inclusão dos cidadãos e a pacificação social".

Com objetivo nessas finalidades, é necessária a aplicação de técnicas apropriadas. Não pretendemos exaurir essas espécies, mas apresentar as principais: escuta ativa; parafraseamento; *caucus*; *brainstorming* e teste de realidade.

A técnica da **escuta ativa** pode ser descrita como a oportunidade em que as partes podem apresentar seus pensamentos e opiniões, com a consequente conexão entre falas e escutas. Trata-se de linguagem verbal e não verbal, em que o mediador busca interpretar a real intenção das partes (Faleck, 2014).

Segundo Tartuce (2018, p. 256), a "demonstração de muitos elementos relevantes pode ser depreendida a partir de sua postura, de sua expressão facial e mesmo do contato visual [...] a percepção supera a mera consideração das palavras; "escutar é diferente de ouvir".

Na técnica de **parafraseamento**, também denominada *modo afirmativo*, o mediador reformula a frase apresentada pelas partes, contudo, sem alterar o seu significado (Faleck, 2014).

Como sugere Tartuce (2018, p. 257),

> Uma técnica interessante para buscar separar as pessoas dos problemas é construir, com a participação das partes, a lista de pontos a serem trabalhados: o mediador propõe que os participantes expressem o que gostariam de abordar e os vai anotando em um local visível a todos (por exemplo, um quadro ou um flip-chart). Eleitos os pontos, destaca a impossibilidade de conversarem sobre todos de uma só vez e ressalta o efeito benéfico de elegerem aquele sobre o qual seja possível conversar primeiro a respeito.

Nesse método, o mediador retira a carga depreciativa da frase, restando apenas o cunho objetivo e primordial da pergunta ou afirmação apresentada pelas partes (Faleck, 2014).

Na técnica de **formulação de perguntas**, também conhecida como modo interrogativo, o mediador deve formular questões a fim de obter informações necessárias a compreensão do conflito (Faleck, 2014).

Segundo Tartuce (2018, p. 258), "as perguntas têm várias funções: permitir ao mediando falar por si mesmo diretamente ao outro, revelar sentimentos, dúvidas, emoções, demonstrar a complexidade do conflito e estimular a criação de ideias".

Na prática, "perguntas sobre as particularidades da situação podem fazer o problema parecer menos complicado e levar as pessoas a pensar as soluções de maneira específica e prática" (Azevedo, 2013, p. 144).

Na utilização da técnica *caucus*, compete ao mediador a oitiva de cada uma das partes, de forma separada, a fim de que possa extrair o máximo de informações e, ao mesmo tempo, testar possíveis solução para o conflito (Faleck, 2014).

A palavra ***brainstorming*** significa, em tradução livre, tempestade de ideias, é um método a que o mediador deve recorrer sempre que não alcança êxito na interação e no diálogo entre as partes. Por meio dele, o mediador solicita que as partes informem, por exemplo, as dez primeiras palavras que vierem à mente dos participantes e, de posse dessas informações, poderá selecionar aquelas mais importantes para o restabelecimento do diálogo entre as partes (Faleck, 2014).

Por fim, no teste de realidade, o mediador busca uma reflexão objetiva e real das partes acerca dos possíveis caminhos para a resolução do conflito. É nesse momento, normalmente, que as partes, juntamente com o mediador, passam a redigir o termo de transação (Faleck, 2014).

As técnicas aqui apresentadas se mostram viáveis para o êxito de uma sessão de mediação, de modo que, quanto mais o conhecimento do mediador e das partes, haverá mais chances de resolução do conflito por meio da mediação.

Capítulo 5

Arbitragem

Neste capítulo, pretendemos demonstrar que a arbitragem contemporânea "está lastreada em uma disciplina jurídica apta a lhe emprestar condições que garantam a sua vinculatividade" (Salles, 2019, p. 243). Consideramos que não há acesso efetivo à justiça se o cidadão não tiver oportunidade de escolha. O procedimento da arbitragem não está isento de riscos, falhas e melhorias, entretanto, não há liberdade sem riscos.

No presente capítulo, apresentaremos ao leitor os principais aspectos da arbitragem em sua seara teórica e prática. Para tanto, abordaremos a introdução à arbitragem, sua natureza jurídica e características, passando pelas espécies de arbitragem e a figura do árbitro, peça essencial para a condução do procedimento.

Conheceremos também o procedimento arbitral na prática, desde a sua instauração, conciliação, fase postulatória, instrutória e decisória da arbitragem, com a prolação da sentença arbitral.

Por fim, trataremos dos efeitos da sentença arbitral, seus requisitos, além dos custos do procedimento arbitral e o cumprimento de sentença, caso não ocorra o cumprimento voluntário da sentença arbitral.

— 5.1 —
Introdução da arbitragem no Estado democrático de direito

A arbitragem é um meio heterocompositivo e adversarial de solução de conflitos de direitos disponíveis, em que um terceiro imparcial, escolhido pelas partes, tem o poder de decidir a controvérsia trazida ao seu conhecimento. O instituto da arbitragem é regulamentado pela Lei. n. 9.307, de 23 de setembro de 1996, atualizada pela Lei n. 13.129, de 26 de maio de 2015 (Brasil, 1996; 2015b).

De acordo com Carmona (2009, p. 31), um dos percursores da arbitragem no Brasil, ela pode ser entendida como "um mecanismo privado de solução de litígios, através do qual um terceiro, escolhido pelos litigantes, impõe sua decisão, que deverá ser cumprida pelas partes".

Para Cahali (2020, p. 121), "a arbitragem, ao lado da jurisdição estatal, representa uma forma heterocompositiva de solução de conflitos [...] sem a intervenção estatal, sendo que a decisão terá a mesma eficácia que uma sentença judicial".

Por se tratar de um instituto que se origina da escolha das partes, é nomeado *mecanismo privado de solução de conflitos*, *método* adequado ou alternativo da solução de conflitos – Mesc[1].

Nas palavras de Cretella Júnior (1988, p. 128), a arbitragem pode ser definida como:

---

1   A expressão original, na língua inglesa, é *alternative dispute resolution* – ADR.

o sistema especial de julgamento, com procedimento, técnica e princípios informativos próprios com força executória reconhecida pelo direito comum, mas a este subtraído, mediante o qual duas ou mais pessoas físicas ou jurídicas, de direito privado ou direito público, em conflito de interesses, escolhem de comum acordo, contratualmente, uma terceira pessoa, o arbitro, a quem confiam o papel de resolver-lhes a pendência, anuindo os litigantes em aceitar a decisão proferida.

Embora a escolha pela arbitragem seja originária da autonomia das partes e, como consequência, de forma consensual, a decisão proferida pelo árbitro é adjudicada porque as partes conferem a este os mesmos poderes de jurisdição que detêm um juiz perante o Poder Judiciário, já que a sentença arbitral é considerada como título executivo judicial, nos termos do art. 31 da Lei n. 9.307/1996 e art. 515, inciso VII, do Código de Processo Civil (Brasil, 1996; 2015a).

Ressaltamos que o instituto da arbitragem já era abordado antes mesmo da própria lei específica, por meio dos arts. 1.072 a 1.012 da Lei n. 5.869, de 11 de janeiro de 1973 – Código de Processo Civil de 1973, bem como pelos arts. 1.037 a 1.048 da Lei n. 3.071, de 1 de janeiro de 1916 – Código Civil de 1916 (Brasil, 1916; 1973). Contudo, mesmo anteriormente disciplinada, a cláusula arbitral era compreendida como mero pré-contrato, com exigência de nova pactuação para a sua validade. Além disso, exigia-se a homologação da sentença arbitral pelo Poder Judiciário, denominado *laudo arbitral*, o que desvirtuava todo o instituto. Por essas razões, a arbitragem, de fato, passou a ser promovida com a promulgação da Lei n. 9.307/1996 (Brasil, 1996). Afinal, quais são as vantagens de optarmos pela arbitragem? Um dos mais reconhecidos benefícios é a liberdade das partes na escolha do árbitro que vai julgar a causa. Em outras palavras, aquele que inspira a confiança e a certeza de que o direito apresentado será analisado da melhor forma possível.

Há também outras vantagens na escolha da arbitragem, como a celeridade do procedimento, que é julgado, em média, em até seis meses; a flexibilidade de sua condução; a irrecorribilidade da sentença arbitral e, até mesmo, o próprio cumprimento espontâneo da decisão.

Adiante, aprofundaremos a abordagem sobre esses atributos, todavia, citá-los, neste momento, é importante para que o leitor tenha uma percepção ampliada do procedimento, ainda que de forma superficial.

— 5.1.1 —
Natureza jurídica da arbitragem

A discussão acerca da natureza jurídica da arbitragem é antiga e existe muito antes da promulgação da Lei n. 9.307/1996. As argumentações se formam, em regra, em torno de quatro correntes doutrinárias: (i) privatista (contratual); (ii) publicista (jurisdicionalista); (iii) intermediária ou mista (contratual-publicista); (iv) autônoma.

Aqueles que se filiam à corrente privatista, também denominada *contratual*, entendem que o árbitro não deve ser visto como um juiz, um servidor público ou um administrador do Estado, mas como um particular escolhido pelas partes para julgar determinada matéria, na esfera de direitos patrimoniais disponíveis. Sendo assim, não caberia ao Estado privar o indivíduo de escolher a arbitragem como um método para a resolução de seu conflito (Morais; Spengler, 2008).

De acordo com a corrente privatista, há uma ausência de jurisdição do árbitro porque, em razão da natureza contratual do procedimento, "a decisão emanada pelo árbitro, ou pelo colegiado arbitral, não possuiria força de sentença, havendo, pois, a necessidade de homologação pelo Estado" (Morais; Spengler, 2008, p. 193).

Para Carnelutti (1956), a arbitragem deve ser conceituada como uma forma equivalente do processo civil contencioso de cognição, sem prejuízo de negar aos árbitros toda a força coercitiva e cautelar pertinente ao Poder Estatal. Para Chiovenda (1969, p. 196-197), "jurisdição é a função do Estado que tem por escopo a atuação da vontade concreta da lei por meio de substituição, pela atividade dos órgãos públicos, da atividade dos particulares ou de outros órgãos públicos".

Apesar desses fundamentos da teoria privatista, ela perdeu a sua força com a promulgação da Lei n. 9.307/1996, já que, a partir da sua instituição, a sentença arbitral passou a ser considerada um título executivo judicial, dispensando-se a prévia homologação (art. 31 da Lei de Arbitragem), bem como o art. 13, parágrafo 6º, e o art. 18 da referida lei, que passaram a conferir ao árbitro a posição e os atributos de um juiz (Brasil, 1996).

A teoria publicista, também denominada *jurisdicionalista*, fundamenta-se no caráter eminentemente público da administração da justiça. Nessa vertente, compreende-se que o árbitro tem as mesmas responsabilidades de um juiz, conforme expõe o art. 18 da Lei n. 9.307/1996, e que a função arbitral foi estipulada pelo Estado, em razão de este ter possibilitado facultativamente que o indivíduo escolhesse a arbitragem como meio de solução de controvérsias. O Estado estaria atribuindo à arbitragem o caráter jurisdicional, que ordinariamente lhe competia (Cachapuz, 2000).

De acordo com essa teoria, "a arbitragem é prorrogação convencional da competência para solução de determinados litígios por previsão legal. O poder jurisdicional da Arbitragem decorre, portanto, da ordem jurídica estatal ao tipificar o instituto e estabelecer suas consequências no plano jurídico" (Cachapuz, 2000, p. 51-53).

O fato de a sentença arbitral revestir-se dos mesmos efeitos de uma sentença judicial – executoriedade, liquidez e formação de coisa julgada, que são características próprias da jurisdição – demonstra que a decisão arbitral tem a mesma força jurisdicional que uma sentença judicial, proferida pelo Poder Judiciário (Cachapuz, 2000).

A teoria intermediária ou mista (contratual-publicista), por sua vez, concilia os fundamentos das duas anteriores com a compreensão de que "a arbitragem é um instituto *sui generis*, pois abriga aspecto contratual e também jurisdicional, que coexistem [...]." (Cretella Neto, 2004, p. 15). Ou seja, a natureza jurídica da arbitragem é uma junção de características de um procedimento particular, com reflexos práticos de um procedimento judicial, caracterizando-se em uma natureza "híbrida" (Lemes, 2007, p. 61).

A teoria autônoma compreende a arbitragem como um método desvinculado de qualquer outro sistema jurídico. Pela adoção dessa teoria, cria-se uma jurisdição própria, pois é "independente e diversa da jurisdição que integra um sistema jurídico" (Cahali, 2020, p. 132).

Independentemente da corrente que se pretenda adotar, o ponto de partida precisa passar pelo conceito de jurisdição. Assim, considerando o caráter jurisdicional da arbitragem, entendemos que a teoria intermediaria ou mista é a que mais se adéqua ao ordenamento jurídico brasileiro, posto que "parece-nos evidente que o árbitro exerce verdadeira jurisdição, e o faz por indicação das partes – com respaldo na lei, que valida a convenção – de forma que, ao permitir a legislação que se instaure o juízo arbitral, consagra a maior participação do povo na administração da Justiça" (Cretella Neto, 2004, p. 15).

— 5.2 —
Arbitralidade, princípios e características da arbitragem

A **arbitralidade** é o requisito essencial para a escolha do instituto da arbitragem como solução adequada para a resolução de determinado conflito. Trata-se das condições que a pretensão deve ter para que possa ser discutida na arbitragem e que se encontram inseridos no art. 1º da Lei n. 9.307/1996, o qual dispõe: "Art. 1º As pessoas capazes de contratar poderão valer-se da arbitragem para dirimir litígios relativos a direitos patrimoniais disponíveis" (Brasil, 1996).

A capacidade das partes é a primeira condição essencial para a adoção da arbitragem, aqui referida como o que está disposto no art. 1º do Código Civil, Lei n. 10.406, de 10 de janeiro de 2002: "Toda pessoa é capaz de direitos e deveres na ordem civil" (Brasil, 2002).

Essa capacidade abrange as pessoas físicas e jurídicas e significa que, mais do que ter aptidão para o exercício de um direito, é necessário que a parte tenha aptidão para demonstrar a sua vontade de forma livre, sem restrições e com autonomia, afastando-se das disposições dos arts. 3º e 4º do Código Civil (Brasil, 2002). Assim, aqueles que forem relativamente ou absolutamente incapazes, ainda que representados ou assistidos nos termos da lei, não poderão participar da arbitragem.

Segundo Cahali (2020), os entes despersonalizados, como o espólio, a massa falida e o condomínio, por exemplo, detêm capacidade de estar em juízo e autonomia em contratar, portanto podem escolher pela arbitragem. Ainda, a própria administração pública direta e indireta também poderá se utilizar da arbitragem, nos termos do art. 1º, parágrafo 1º, da Lei n. 9.307/1996 (Brasil, 1996).

Outro requisito para a adoção da arbitragem é que o objeto diga respeito a direito patrimonial disponível, o que já afasta aqueles direitos que não são patrimoniais, tais como: o direito a personalidade, honra, imagem, nome e estado da pessoa (interdição, modificação da capacidade, dissolução do casamento, guardas e visitas). Além disso, temas que digam respeito ao direito penal também estão excluídos do rol, exceto aqueles que tenham reflexo na seara cível, como a apuração de danos ou partilha decorrentes de um ilícito penal (Cahali, 2020).

O direito patrimonial deve ser disponível, o que significa a possibilidade de seu titular transferir ou ceder, de forma onerosa ou gratuita, a terceiro. A outorga judicial para a transação com relação a esse direito é desnecessária.

Ressaltamos que, no que concerne à administração pública, estão excluídos do rol de disponibilidade aqueles que tratam sobre os direitos fundamentais da sociedade, já que são indisponíveis.

A arbitragem é regida por **princípios** que balizam sua condução, com o objetivo de conferir segurança e efetividade ao procedimento.

O princípio da autonomia privada, também denominado *princípio da autonomia da vontade*, é aquele que trata da liberdade de escolha das partes pela arbitragem, por meio de uma declaração expressa de vontade. Cumpridos os requisitos de capacidade de parte e disponibilidade do direito, nada impede que a parte, de forma autônoma e em sua autorregulamentação, escolha pela arbitragem como método para a resolução de seu conflito. Essa liberdade também se insere na escolha da câmara arbitral, dos árbitros e da forma como será desenvolvido o procedimento (prazos, forma de comunicação, apreciação de medidas urgentes etc.) e, até mesmo, de quais as regras de direito que serão aplicáveis, para julgamento do procedimento.

O princípio da *kompetenz-kompetenz*[2], oriundo do direito alemão, significa que, após a instauração do procedimento arbitral, toda e qualquer controvérsia deverá ser decidida pelo árbitro, inclusive acerca de sua própria competência para o julgamento do litígio, como disposto no art. 8º, parágrafo único, da Lei n. 9.307/1996: "Caberá ao árbitro decidir de ofício, ou por provocação das partes, as questões acerca da existência, validade e eficácia da convenção de arbitragem e do contrato que contenha a cláusula compromissória" (Brasil, 1996). Esse regramento é essencial para se conceder liberdade e autonomia ao árbitro, pois, caso contrário, essa decisão caberia ao Judiciário, o que afrontaria a própria independência da arbitragem. Com vistas a garantir a autonomia da arbitragem, nesse caso, o art. 485,

---

2 Em português, o termo *kompetenz* significa "competência".

inciso VII, do CPC/2015 dispõe que "o processo será extinto, sem resolução do mérito, na existência de convenção de arbitragem" (Brasil, 2015a).

O Judiciário é chamado a julgar na hipótese de pedido de tutelas de urgência em momento antecedente à instituição da arbitragem, nos termos do art. 22-A, da Lei n. 9.307/1996 (Brasil, 1996). Contudo, após a instauração do procedimento, o árbitro tem a liberdade de modificar ou revogar a tutela concedida, desde que em decisão fundamentada, justamente em adoção ao princípio *kompetenz-kompetenz* (Cahali, 2020).

Também no art. 8º da Lei de Arbitragem é possível extrair o princípio da separabilidade da convenção de arbitragem, o qual encontra-se disposto no art. 8º, *caput*, da Lei n. 9.307/1996: "A cláusula compromissória é autônoma em relação ao contrato em que estiver inserta, de tal sorte que a nulidade deste não implica, necessariamente, a nulidade da cláusula compromissória" (Brasil, 1996).

O princípio da imparcialidade do árbitro, por sua vez, se configura em característica indissociável da jurisdição, seja estatal, seja arbitral, entendida como a equidistância entre as partes. Em um procedimento no qual árbitro é escolhido e remunerado pelas partes de forma direta, é natural e recomendável que se cobre dele uma postura que inspire confiança. Também integra esse princípio o chamado *dever de revelação*, disposto no art. 14, parágrafo 1º, da Lei de Arbitragem (Brasil, 1996), o qual dispõe que é obrigação do árbitro revelar, antes de sua aceitação da função, qualquer fato que denote dúvida justificada quanto à sua imparcialidade e independência.

Nesse contexto, tem-se o princípio do livre convencimento motivado, o qual confere ao árbitro a valoração das provas trazidas pelas partes, cabendo o julgamento com base em sua "máxima experiencia". A adoção desse princípio também significa que é dever do árbitro fundamentar todas as suas decisões, sob pena de nulidade do procedimento arbitral (Pinho; Mazzola, 2019).

Outro princípio que também tem relação direta com a figura do árbitro é o princípio da confidencialidade, que pode ser encontrado, ainda que de forma implícita, no tópico que aborda os deveres do árbitro (art. 13, parágrafo 6º, da Lei de Arbitragem): "No desempenho de sua função, o árbitro deverá proceder com imparcialidade, independência, competência, diligência e discrição" (Brasil, 1996). Todos os procedimentos praticados pelo árbitro devem estar revestidos pelo pressuposto da confidencialidade, somente sendo permitida sua publicidade com a expressa autorização das partes. Pela adoção desse princípio, todo o processo é sigiloso e, como consequência, as audiências são privativas.

O princípio da separabilidade da convenção de arbitragem, por sua vez, encontra-se disposto no art. 8º, *caput*, da Lei n. 9.307/1996: "A cláusula compromissória é autônoma em relação ao contrato em que estiver inserta, de tal sorte que a nulidade deste não implica, necessariamente, a nulidade da cláusula compromissória" (Brasil, 1996). Ainda, o parágrafo único do art. 8º da mesma lei esclarece que "caberá ao árbitro decidir de ofício, ou por provocação das partes, as questões acerca da existência, validade e eficácia da convenção de arbitragem e do contrato que contenha a cláusula compromissória" (Brasil, 1996).

O princípio do devido processo legal e contraditório, por sua vez, dispõe que, por ser entendida como uma espécie de jurisdição, como defende Cahali (2020), a arbitragem deve possibilitar às partes o exercício pleno e efetivo do devido processo legal, em decorrência do qual vários outros princípios se seguem, como os inseridos no próprio corpo da Lei de Arbitragem: contraditório, igualdade das partes, imparcialidade do árbitro e livre convencimento (art. 21, parágrafo 2º, da Lei de Arbitragem), os quais devem ser observados, em sua integralidade, no procedimento arbitral (Brasil, 1996).

O princípio da irrecorribilidade da sentença arbitral, disposto no art. 18 da Lei n. 9.307/1996, esclarece que "o árbitro é juiz de fato e de direito, e a sentença que proferir não fica sujeita a recurso ou a homologação pelo Poder Judiciário" (Brasil, 1996). A sentença proferida pelo árbitro é irrecorrível, sendo cabível apenas embargos de declaração com vistas a sanar omissão, contradição, obscuridade e erro material.

Além da disponibilidade dos direitos envolvidos, da autonomia da vontade e da irrecorribilidade da decisão, a arbitragem se reveste de outros elementos essenciais para a compreensão do instituto.

A especialidade é uma das características mais marcantes da arbitragem e que a diferencia dos demais procedimentos porque quem vai julgar o conflito é um especialista no ramo de atuação em que a pretensão reside, diferentemente do que ocorre no Poder Judiciário, em que o juiz precisa solicitar o auxílio de um perito para a análise de questão específica.

Na arbitragem, o julgador, que é o árbitro, é também o perito da causa, escolhido justamente em razão da sua experiência no assunto. Na prática, o que se tem "é um terceiro – no caso, o árbitro – abastecido de *expertise* para apreciar aquele caso, dando maior segurança e confiabilidade às partes" (Guilherme, 2020, p. 169).

Outra característica bastante peculiar da arbitragem é a renúncia ao Poder Judiciário. De acordo com o art. 6º, parágrafo único, da Lei n. 9.307/1996, caso a parte não compareça para firmar o compromisso arbitral ou se recusar a fazê-lo, a outra parte poderá ajuizar demanda perante o Poder Judiciário, para que este firme o compromisso arbitral no lugar da parte (Brasil, 1996).

Isso significa dizer que, até a sua escolha em contrato, a arbitragem é voluntária, contudo, após a sua escolha, só é possível afastá-la com a concordância da outra parte. Prova disso são o art. 337, inciso X, e o art. 485, inciso VII, ambos do Código de Processo Civil, que tratam acerca do afastamento do Poder Judiciário na existência de convenção de arbitragem (Brasil, 2015a). O legislador procedeu dessa forma a fim de evitar a desistência do procedimento escolhido, bem como em atenção ao princípio do *pacta sunt servanda*.

A celeridade também é característica inerente da arbitragem e contribui para a sua escolha. De acordo com o art. 23 da Lei n. 9.307/1996, a sentença arbitral deverá ser apresentada em até seis meses ou em outro prazo que as partes assim decidirem, contado da instituição de arbitragem ou substituição do árbitro. Como defende Guilherme (2020, p. 169), na arbitragem, "os atos são mais concentrados e da decisão final não cabe recurso. Isto, por si só, obviamente, traz um resultado muito mais rápido para os envolvidos".

— 5.2.1 —
Espécies de arbitragem

A arbitragem pode ser de duas espécies: (i) arbitragem institucional e (ii) arbitragem *ad hoc* (avulsa). O conhecimento de cada uma delas é fundamental para compreender o que é a arbitragem.

As principais características da arbitragem institucional são: escolha da câmara ou do centro arbitral; regulamentação da cláusula arbitral de acordo com a câmara escolhida; autonomia de cada câmara para criar sua própria tabela de honorários; valor do procedimento independentemente do valor dos honorários do árbitro.

Ao decidirem por esse método de solução de conflitos, as partes já escolhem a câmara ou centro ao qual será atribuída a gestão e a condução do procedimento. Embora alguns denominem de *tribunal*, o termo é equivocado, porque a arbitragem e o Poder Judiciário são jurisdições distintas, independentes uma da outra.

Como bem ressalta Cahali (2020, p. 153), nessa espécie, não é a câmara que julga o conflito, mas o árbitro. Outrossim, a figura do árbitro não está ligada à atribuição de "funcionário da câmara", mas a um prestador de serviço, disposto em uma lista de árbitros, que se utilizará daquele local para a função de "secretaria" do procedimento arbitral, assim como a vara o é para o juiz, no Poder Judiciário. Cahali (2020, p. 154) explica, ainda, que:

> A instituição, pessoa jurídica autônoma (sob as diversas formas previstas em nosso ordenamento, tais como associações ou sociedades empresárias), ou estrutura destacada dentro de pessoa jurídica, pode ter uma relação de mediadores e árbitros, dentre os quais a parte fará a escolha, ou admitir a indicação de terceiros. Por vezes, na formação de um painel arbitral, o regulamento permite a indicação de árbitros externos pelas partes, porém aponta que o presidente do "Tribunal Arbitral" seja um daqueles integrantes da relação. E ainda, algumas câmaras têm procedimento de escolha do árbitro pelo seu presidente, secretário ou conselho, e não pelas partes.

A arbitragem *ad hoc*, ou avulsa, é aquela em que é "feita diretamente a indicação do árbitro, sendo ele totalmente independente e desvinculado de qualquer instituição para a arbitragem a que foi nomeado" (Cahali, 2020, p. 153). Na prática, as funções de "secretaria" e 'julgador' se concentram na figura do árbitro, de forma exclusiva. Cahali (2020, p. 156) explica:

A opção por este modelo pode trazer uma redução de custos, porém, como referido, haverá necessidade de uma escolha do árbitro muito bem-feita, recaindo em profissional de extrema confiança das partes, com aptidão e experiencia para tão específica atuação, além de uma adequada delimitação pelas partes de critérios e parâmetros na convenção arbitral, tudo para se preservar a eficiência, validade e eficácia da solução arbitral.

Embora a escolha da arbitragem *ad hoc* pareça pouco usual, para casos em que as partes tenham mais proximidade e a questão seja exclusivamente de direito, essa espécie parece solucionar a questão, porque, como defende Cahali (2020, p. 153), o procedimento seria como um "parecer jurídico, encomendado a um *expert* indicado por ambas as partes, ou um parecer técnico", com avaliação ou identificação de um problema específico – como origem de vazamento, apuração de falha em um serviço, por exemplo –, porém com um efeito vinculante aos envolvidos já que a decisão exarada se constitui em um título executivo judicial, nos termos do art. 515, inciso VII, do Código de Processo Civil (Brasil, 2015a).

— 5.3 —
Convenção de arbitragem e seus efeitos

A convenção de arbitragem é o caminho pelo qual as partes, de forma expressa e autônoma, pactuam pela escolha desse método para a resolução de seus conflitos. É por meio da convenção que as partes elegem a jurisdição arbitral, conforme dispõe o art. 3º da Lei n. 9.307/1996: "Art. 3º As partes interessadas podem submeter a solução de seus litígios ao juízo arbitral mediante convenção de arbitragem, assim entendida a cláusula compromissória e o compromisso arbitral" (Brasil, 1996).

A convenção de arbitragem pode ser inserida em um contrato comum de relação negocial, em pactos de mediação, ou no próprio Poder Judiciário. São as chamadas cláusulas escalonadas ou híbridas, que serão abordadas no próximo tópico.

De acordo com seu art. 3º, a Lei de Arbitragem admite as seguintes espécies de convenção arbitral: a cláusula compromissória e o compromisso arbitral (Brasil, 1996). Não há a escolha pela arbitragem sem, obrigatoriamente, pactuar sua instituição por meio de uma dessas espécies.

A convenção de arbitragem poderá ser celebrada de duas formas: (i) pela cláusula compromissória e (ii) pelo compromisso arbitral. É o que abordaremos no próximo tópico.

— 5.3.1 —
Cláusula compromissória

A cláusula compromissória está disposta no art. 4º da Lei n. 9.307/1996, que assim determina: "Art. 4º A cláusula compromissória é a convenção através da qual as partes em um contrato comprometem-se a submeter à arbitragem os litígios que possam vir a surgir, relativamente a tal contrato" (Brasil, 1996). O parágrafo 1º ainda determina que a cláusula "deve ser estipulada por escrito, podendo estar inserta no próprio contrato ou em documento apartado que a ele se refira" (Brasil, 1996).

O art. 853 do Código Civil/2002 tem redação semelhante: "Admite-se nos contratos a cláusula compromissória, para resolver divergências mediante juízo arbitral, na forma estabelecida em lei especial" (Brasil, 2002).

Quando vinculada a um contrato, a cláusula compromissória também adere ao objeto contratual. A sua aceitação se mostra expressa com a assinatura do próprio contrato, exceto quando se tratar de contrato de adesão, conforme parágrafo 2º do art. 4º da Lei de Arbitragem, já que, nesses casos, em razão da hipossuficiência técnica do consumidor, é necessário que a cláusula esteja em negrito, de forma destacada, seja pactuada pelo consumidor e assinada logo abaixo, a fim de que o consumidor demonstre a ciência pela escolha desse procedimento, com a consequente renúncia do Poder Judiciário (Brasil, 1996).

Como destaca Cahali (2020, p. 162), em consonância aos avanços tecnológicos da sociedade, é admissível a cláusula compromissória "por troca de correspondência entre as partes ou *fac-símile* e, acolhendo os avanços da informática, também deverá ser aceita a contratação por meio eletrônico e até pelo WhatsApp".

A cláusula compromissória é celebrada antes do conflito, ou seja, as partes comprometem-se a decidir pela arbitragem os litígios futuros que advirem do contrato pactuado. A cláusula compromissória, como espécie do gênero convenção de arbitragem, pode ser redigida de forma cheia ou vazia. A seguir, conheceremos a diferença entre elas.

Cláusula compromissória cheia e vazia

A cláusula compromissória cheia é aquela que, já na sua instauração, apresenta os elementos principais para a instituição da arbitragem, tais como: a câmara arbitral, os árbitros que serão escolhidos, as regras do procedimento, o pagamento das custas, o idioma que será utilizado, enfim, o maior número de informações necessárias para a sua formação, nos termos do art. 19 da Lei n. 9.307/1996 (Brasil, 1996).

Nesse espaço de liberdade, as partes podem estabelecer todo o procedimento, como a quantidade de árbitros – sempre em número ímpar; a forma como os atos serão praticados; a forma de comunicação das partes; as restrições à autoridade do árbitro ou exclusão da análise das tutelas de urgência no procedimento arbitral; a escolha da lei aplicável; o prazo para a apresentação de sentença arbitral e todos os detalhes em que as partes estejam de acordo, visando à instituição de um procedimento futuro, caso necessário.

Frisamos que, embora as partes detenham essa liberdade, essas disposições devem estar em consonância com o regulamento da câmara arbitral escolhida, sob pena da cláusula se tornar sem efeito, patológica, como será abordado adiante.

A cláusula cheia também é perfeitamente compatível com a arbitragem *ad hoc*. Contudo, Cahali (2020, p. 175) alerta que, nesse caso, é indispensável "a especificação dos critérios para a instauração do procedimento, para viabilizar o início da arbitragem".

Na cláusula vazia, também denominada *cláusula em branco*, obviamente não há as previsões apresentadas na modalidade cheia, mas, tão somente, a indicação da arbitragem para a resolução do litígio, oriundo de controvérsias do respectivo contrato.

O principal problema da instituição dessa espécie de cláusula é que, por não conter os elementos básicos para a instituição da arbitragem, a parte que assim desejar precisará firmar um compromisso arbitral, o qual pode ser pactuado entre as partes, ou intermediado pelo Poder Judiciário.

De acordo com o art. 6º da Lei de Arbitragem:

> Não havendo acordo prévio sobre a forma de instituir a arbitragem, a parte interessada manifestará à outra parte sua intenção de dar início à arbitragem, por via postal ou por outro meio qualquer de comunicação, mediante comprovação de recebimento, convocando-a para, em dia, hora e local certos, firmar o compromisso arbitral. (Brasil, 1996)

Ainda, o parágrafo único esclarece que, em caso de não comparecimento da parte ou, se comparecendo, recusar-se a assinar, a outra parte poderá ajuizar a ação que trata o art. 7º da mesma lei (ação de instituição de compromisso arbitral) perante o Poder Judiciário (Brasil, 1996).

Na prática, a parte tem três opções: (i) comparecer e firmar o compromisso arbitral, propondo os detalhes do procedimento arbitral, nos termos dos arts. 10 e 11 da Lei n. 9.307/1996; (ii) comparecer e se recusar a assinatura do compromisso, ou (iii) não comparecer. Nessas duas últimas opções, resta ao interessado o ajuizamento da ação disposta no art. 7º da lei, a qual deverá ser instruída com a recusa da parte adversa, condição essencial para o ajuizamento da ação, sob pena de carência da ação por ausência do interesse de agir (Cahali, 2020, p. 178).

O Poder Judiciário somente poderá ser acionado, no caso do artigo em tela, quando uma das partes provar que convocou a outra e esta não atendeu à convocação ou se recusou a firmar o compromisso extrajudicialmente. Se o interessado o fizer, desatenderá um dos requisitos da ação (interesse de agir), e o juiz extinguirá o processo sem apreciar o mérito, nos termos do art. 267, inciso VI, do Código de Processo Civil/1973. A ação de que trata o art. 7º da Lei de Arbitragem serve meramente para trazer a outra parte para comparecer em juízo, e não para julgar o mérito (Cretella Neto, 2004).

Quanto aos requisitos para a obtenção da cláusula compromissória de forma judicial, o art. 7º da Lei n. 9.307/1996 é claro ao explicar o procedimento:

> Art. 7º Existindo cláusula compromissória e havendo resistência quanto à instituição da arbitragem, poderá a parte interessada requerer a citação da outra parte para comparecer em juízo a fim de lavrar-se o compromisso, designando o juiz audiência especial para tal fim.

§ 1º O autor indicará, com precisão, o objeto da arbitragem, instruindo o pedido com o documento que contiver a cláusula compromissória.

§ 2º Comparecendo as partes à audiência, o juiz tentará, previamente, a conciliação acerca do litígio. Não obtendo sucesso, tentará o juiz conduzir as partes à celebração, de comum acordo, do compromisso arbitral.

§ 3º Não concordando as partes sobre os termos do compromisso, decidirá o juiz, após ouvir o réu, sobre seu conteúdo, na própria audiência ou no prazo de dez dias, respeitadas as disposições da cláusula compromissória e atendendo ao disposto nos arts. 10 e 21, § 2º, desta Lei.

§ 4º Se a cláusula compromissória nada dispuser sobre a nomeação de árbitros, caberá ao juiz, ouvidas as partes, estatuir a respeito, podendo nomear árbitro único para a solução do litígio.

§ 5º A ausência do autor, sem justo motivo, à audiência designada para a lavratura do compromisso arbitral, importará a extinção do processo sem julgamento de mérito.

§ 6º Não comparecendo o réu à audiência, caberá ao juiz, ouvido o autor, estatuir a respeito do conteúdo do compromisso, nomeando árbitro único.

§ 7º A sentença que julgar procedente o pedido valerá como compromisso arbitral. (Brasil, 1996)

Por fim, é importante salientar que, de acordo com o art. 8º da Lei n. 9.307/1996, a cláusula compromissória é autônoma em relação ao contrato em que está inserida. Isso significa que, caso o contrato venha a ser anulado por algum vício de consentimento – erro, dolo, coação, simulação etc. – tal aspecto não afetará, necessariamente, a cláusula arbitral, de modo que caberá ao árbitro, de ofício ou por provocação das partes, a análise quanto à validade da cláusula, nos termos do parágrafo único do supracitado artigo.

Ao elaborar uma cláusula compromissória, espera-se que esta contenha todos os elementos básicos para a sua executoriedade. Contudo, podem existir cláusulas contraditórias e obscuras, que impedem a plena instauração do procedimento arbitral, sobre as quais trataremos na próxima seção.

Cláusula arbitral patológica

A expressão *cláusula patológica*, de origem francesa, designa as normas que, segundo Carmona (2009, p. 112), por "redação incompleta, esdrúxula ou contraditória, não permitem aos litigantes a constituição do órgão arbitral, provocando dúvida que leva as partes ao Poder Judiciário para a instituição forçada da arbitragem".

Assim, como explica Cahali (2020, p. 185), constatada a existência de uma cláusula patológica, em que não seja possível extrair elementos mínimos de adequação do procedimento, "devem ser invalidadas, ou interpretadas como preservado o acesso ao Judiciário, por iniciativa de qualquer das partes [...] a renúncia à jurisdição estatal deve ser interpretada estritamente (art. 114 do CC/2002)".

Cláusula arbitral escalonada

A cláusula escalonada, também denominada *híbrida* é aquela em que as partes, de livre vontade, pactuam mais de um método para a resolução do conflito, em uma mesma cláusula contratual.

É bastante comum que a conciliação e a mediação sejam utilizadas como etapas prévias à arbitragem ou, até mesmo, em fase própria durante o procedimento. São exemplos: a cláusula de mediação-arbitragem ou a cláusula mediação-judiciário.

Sobre a utilização da cláusula escalonada na prática, é imprescindível a exposição da Prof.ª Fernanda Tartuce, sobre as considerações feitas pelo Prof. Kazuo Watanabe:

> A inclusão de cláusula contratual de mediação prévia e necessária revela a busca de uma saída conjunta como fase precedente a instauração do litígio, o que enseja interesse crescente sobre o panorama das técnicas compositivas não contenciosas. (Tartuce, 2008, p. 270)

Assim, a previsão da cláusula escalonada pode ocorrer nas seguintes situações: pela previsão da instituição da mediação e, caso reste infrutífera, a continuidade da relação pela arbitragem, e com o início da instauração da arbitragem, com a possibilidade de suspensão do feito para a realização de sessões de mediação (Levy, 2013).

Há uma discussão, de suma importância, que trata sobre a vinculação das partes pela cláusula escalonada quando consideramos a possibilidade de, após a instituição dessa cláusula, a parte decidir descumprir o procedimento inicial e avançar, por exemplo, para a arbitragem, sem passar pela mediação.

A Prof.ª Fernanda Rocha Lourenço Levy explica que, nesses casos, "a mediação prévia possui efeito vinculativo positivo, dirigido as partes que devem levar a controvérsia a mediação, honrando o previamente pactuado, e negativo, dirigido ao Estado, incluindo-se a esfera arbitral" (Levy, 2013, p. 278).

Nesse sentido, inclusive, a Lei n. 13.140, de 26 de junho de 2015, já analisada, retrata em seu art. 2º, parágrafo 1º, que "na hipótese de existir previsão contratual de cláusula de mediação, as partes deverão comparecer à primeira reunião de mediação" (Brasil, 2015c). Ainda, em consonância com o dispositivo, o art. 22, inciso IV, do mesmo diploma, dispõe acerca das sanções/penalidades que serão suportadas pela parte que não comparecer à primeira sessão de mediação, como "a assunção [...] de cinquenta por cento das custas e honorários sucumbenciais caso venha a ser vencedora em procedimento arbitral ou judicial posterior, que envolva o escopo da mediação para a qual foi convidada" (Brasil, 2015c), disposição que reforça o caráter vinculativo da mediação para as partes.

Além das cláusulas de mediação-arbitragem e mediação-judiciário, exemplos de cláusulas escalonadas ou híbridas, também podemos citar a resolução do conflito por *dispute board*, que é o meio pelo qual "forma-se um comitê de especialistas independentes para acompanhar a execução de um contrato de longa duração ou de execução diferida" (Cahali, 2020, p. 53).

Nessa hipótese, além do acompanhamento de toda a execução do contrato, o comitê pode ser chamado por qualquer das partes para a resolução de um conflito referente ao respectivo contrato. Em outras palavras, "o comitê pode avaliar e apreciar controvérsias em momentos distintos, apresentando as conclusões que entender corretas, mas sempre na perspectiva de preservar o relacionamento sadio entre os envolvidos, para a continuidade no cumprimento das obrigações pactuadas" (Cahali, 2020, p. 53).

— 5.3.2 —
Compromisso arbitral

Como vimos, a cláusula compromissória preocupa-se com eventos futuros e incertos, ou seja, conflitos que poderão ou não acontecer. O compromisso arbitral, por sua vez, preocupa-se com o presente, já que a sua instituição ocorre quando as partes já têm um conflito, nos termos do art. 9º da Lei n. 9.307/1996: "Art. 9º O compromisso arbitral é a convenção através da qual as partes submetem um litígio à arbitragem de uma ou mais pessoas, podendo ser judicial ou extrajudicial" (Brasil, 1996).

Conforme disposição do *caput* do art. 9º, o compromisso arbitral pode ser celebrado no curso de um processo judicial, de acordo com o art. 209 do CPC/2015, com assinatura das partes e seus respectivos procuradores, hipótese em que ocorrerá a extinção do processo sem resolução do mérito, nos termos do art. 485, inciso VII, do CPC/2015 ou, ainda, antes dele, por meio de declaração por instrumento público, ou, assinado por duas testemunhas, conforme parágrafos 1º e 2º (Brasil, 1996).

No caso da instauração do compromisso de forma judicial, questiona-se se é possível o aproveitamento das provas produzidas judicialmente. Ao que tudo indica, sim. Contudo, Cahali (2020) explica que esse critério pertence ao árbitro, já que a ele cabe, inclusive, a renovação de todos os atos praticados judicialmente, em razão dos princípios da competência e livre convencimento do árbitro.

Os requisitos do compromisso arbitral encontram-se dispostos no art. 10 da Lei n. 9.307/1996:

> Art. 10. Constará, obrigatoriamente, do compromisso arbitral:
>
> I – o nome, profissão, estado civil e domicílio das partes;
>
> II – o nome, profissão e domicílio do árbitro, ou dos árbitros, ou, se for o caso, a identificação da entidade à qual as partes delegaram a indicação de árbitros;
>
> III – a matéria que será objeto da arbitragem;
>
> IV – o lugar em que será proferida a sentença arbitral. (Brasil, 1996)

É importante frisarmos que tais requisitos são essenciais para a instituição do compromisso arbitral, sob pena de, na ausência de qualquer um deles, ensejar a nulidade do compromisso, nos termos dos arts. 104, inciso III, e 166, inciso IV, do Código Civil/2002.

Ainda, o art. 11 faculta a inclusão de outros dados, tais como:

> Art. 11. Poderá, ainda, o compromisso arbitral conter:
>
> I – local, ou locais, onde se desenvolverá a arbitragem;
>
> II – a autorização para que o árbitro ou os árbitros julguem por equidade, se assim for convencionado pelas partes;
>
> III – o prazo para apresentação da sentença arbitral;
>
> IV – a indicação da lei nacional ou das regras corporativas aplicáveis à arbitragem, quando assim convencionarem as partes;
>
> V – a declaração da responsabilidade pelo pagamento dos honorários e das despesas com a arbitragem;
>
> VI – a fixação dos honorários do árbitro, ou dos árbitros. (Brasil, 1996)

O compromisso arbitral, assim como a cláusula compromissória, também pode ser extinto, nos termos do art. 12 da Lei n. 9.397/1996:

> Art. 12. Extingue-se o compromisso arbitral:
>
> I – escusando-se qualquer dos árbitros, antes de aceitar a nomeação, desde que as partes tenham declarado, expressamente, não aceitar substituto;
>
> II – falecendo ou ficando impossibilitado de dar seu voto algum dos árbitros, desde que as partes declarem, expressamente, não aceitar substituto;

III – tendo expirado o prazo a que se refere o art. 11, inciso III, desde que a parte interessada tenha notificado o árbitro, ou o presidente do tribunal arbitral, concedendo-lhe o prazo de dez dias para a prolação e apresentação da sentença arbitral. (Brasil, 1996)

Portanto, concluímos que a escolha da arbitragem poderá ocorrer pela convenção de arbitragem, a qual, por sua vez, é dividida em duas categorias: (i) cláusula compromissória e (ii) compromisso arbitral. Essas ferramentas são imprescindíveis para a instituição da arbitragem, posto ser vedada a escolha tácita da arbitragem.

Após a escolha pela arbitragem, é essencial que as partes decidam acerca da figura do árbitro, tanto na quantidade quanto nas atribuições e especialidades que esse profissional deverá ter para conduzir o procedimento. É o que trataremos na próxima seção.

— 5.4 —
Árbitros

Nos termos do art. 13 da Lei de Arbitragem, pode ser árbitro toda a pessoa capaz e que detenha a confiança das partes. A capacidade, aqui, diz respeito ao exercício de direito, em sentido contrário as disposições dos arts. 3º a 5º do CC/2002. A capacidade nesse exercício de estar na função de árbitro se mostra coerente, inclusive, pela responsabilidade civil e penal que se impõe a esse profissional, nos termos do art. 17 da Lei de Arbitragem (Brasil, 1996).

Aqui, é importante destacarmos que não há qualquer impedimento de um árbitro estrangeiro conduzir o feito, a menos que exista resistência das partes ou, ainda, disposição em sentido contrário. Todavia, por expressa restrição constitucional, o juiz togado está impedido de atuar como árbitro, sob pena de perder seu cargo, salvo se já estiver aposentado, nos termos do art. 95, parágrafo único, inciso I, da Constituição Federal de 1988 (Brasil, 1988).

Também o mediador está impedido de atuar como árbitro ou testemunha de qualquer das partes, nos conflitos em que tenha atuado, nos termos do art. 7º da Lei de Mediação (Brasil, 2015c).

Não há qualquer exigência quanto à formação acadêmica do árbitro, portanto não se demanda qualquer formação técnica ou superior específica. É necessário que o árbitro tenha os atributos buscados pelas partes, como conhecimento e *expertise* prática no tema, dedicação, disciplina e, principalmente, que demonstre segurança durante todo o procedimento arbitral.

— 5.4.1 —
Número de árbitros e critério de escolha

A Lei de Arbitragem nada dispõe acerca de um número mínimo de árbitros, determinado tão somente que a escolha seja em número ímpar, a fim de se evitar um empate, nos termos do art. 13, parágrafo 1º (Brasil, 2015c). As partes têm ampla liberdade e autonomia para a escolha dos árbitros, a depender da espécie de arbitragem escolhida: institucional ou *ad hoc*.

Na arbitragem *ad hoc*, as partes escolhem um árbitro prévio, já que inexiste uma lista de árbitros. Na institucional, é possível que os interessados escolham o profissional que vai atuar no procedimento, de acordo com convenção de arbitragem. Na prática, cada parte escolhe um árbitro, denominado *coárbitro*, e os dois escolhidos elegem um terceiro, que será o presidente da sessão, formando-se o painel arbitral.

Contudo, ressaltamos que, em ambas as espécies de arbitragem, as partes têm total autonomia para a escolha do árbitro, ainda que este não esteja na lista de árbitros da câmara. Nesse sentido é o art. 13, parágrafo 4º, da Lei de Arbitragem, que dispõe:

> As partes, de comum acordo, poderão afastar a aplicação de dispositivo do regulamento do órgão arbitral institucional ou entidade especializada que limite a escolha do árbitro único, coárbitro ou presidente do tribunal à respectiva lista de árbitros, autorizado o controle da escolha pelos órgãos competentes da instituição, sendo que, nos casos de impasse e arbitragem multiparte, deverá ser observado o que dispuser o regulamento aplicável. (Brasil, 1996)

As figuras do presidente, coárbitro, árbitro suplente e secretário exercem funções distintas no painel arbitral.

Ao presidente, indicado quando há mais de um árbitro, cabe desenvolver o papel de condutor do procedimento, com a prática dos mais diversos atos, além de voto de desempate, caso necessário, nos termos do art. 13, parágrafo 5º, do art. 22, parágrafo 2º, e art. 26, parágrafo único, todos da Lei de Arbitragem (Brasil, 1996).

O coárbitro, como pessoa indicada diretamente pelas partes, deve agir com extrema imparcialidade, independência, competência e discrição durante todo o certame, analisando fatos e fundamentos em prol da prolação de uma decisão adequada, e não tendenciosa a parte que o escolheu, conforme art. 13, parágrafo 6º, da Lei de Arbitragem (Brasil, 1996).

Ao árbitro suplente compete a sua atuação na hipótese de vacância ou impossibilidade de um dos árbitros principais, na condução do procedimento, nos termos do art. 13, parágrafo 1º (Brasil, 1996). "Na prática, a indicação dos suplentes vem sendo mitigada, uma vez que, ao ser eleito como suplente, o profissional, mesmo que não esteja efetivamente atuando como árbitro, fica impedido de representar algumas das partes, seja em processos judiciais, seja em assuntos extrajudiciais" (Pinho; Mazzola, 2019, p. 286).

Por fim, de acordo com o art. 13, parágrafo 5º, da Lei de Arbitragem, o árbitro ou o presidente da sessão arbitral podem indicar um quarto integrante para a atuação como secretário do procedimento, a fim de que lhe possa auxiliar nas questões administrativas (Brasil, 1996). Essa função pode ser indicada a um dos árbitros da sessão, o que é bastante comum. A sua indicação não é obrigatória e, caso seja indicado como secretário um quarto árbitro, este não terá poder de decisão do mérito da decisão.

— 5.4.2 —
Deveres do árbitro

Os deveres do árbitro estão dispostos no art. 13, parágrafo 6º, da Lei de Arbitragem, que disciplina que "no desempenho de sua função, o árbitro deverá proceder com imparcialidade, independência, competência, diligência e discrição" (Brasil, 1996).

Os atributos de imparcialidade e independência já foram expostos, de forma específica, nos princípios norteadores da arbitragem (elencados na Seção 5.2 deste livro). Cabe, portanto, neste ponto, tecer considerações acerca dos outros deveres indicados pela Lei de Arbitragem e que balizam toda a condução do procedimento arbitral.

O dever da competência é um dos elementos-chave na escolha da arbitragem. As partes escolhem esse método porque, entre outras razões, têm a oportunidade de escolher o profissional que irá julgar a causa e que, portanto, tem "capacidade técnica, sabedoria, aptidão, conhecimento específico, domínio teórico e prático sobre o assunto, especialidade ou familiaridade com a matéria, experiência etc. (Cahali, 2020).

O dever de diligência diz respeito ao cumprimento dos prazos estabelecidos pelas partes para a condução do procedimento e, principalmente, para a entrega da sentença arbitral, nos termos do art. VII, item 2, do Código de Ética do Conselho Nacional das Instituições de Mediação e Arbitragem: "VII – O árbitro frente ao processo: [...] 2. Conduzir o procedimento com justiça e diligência" (Conima, 2021a). Trata-se de conduzir o procedimento com responsabilidade e motivação, com vistas a prolação de decisões fundamentadas. Nesse sentido, explica Cahali (2020, p. 233):

> O árbitro, neste contexto, afasta-se da inércia das partes, cabendo-lhe a busca da verdade, ampliando, a seu critério, o espaço da prova, intervindo diretamente neste sentido, explorando e esmiuçando os elementos apresentados pelas partes e, buscando outros, se e quando pertinentes, com o objetivo de melhor resultado na instrução.

O dever da discrição, como atributo essencial na função do árbitro, tem vinculação direta com a confidencialidade do procedimento. Cabe ao árbitro o sigilo sobre a sessão de arbitragem, em todos os seus elementos, "a ponto de as partes poderem determinar por meio da cláusula arbitral ou do compromisso arbitral um regramento que trate de uma obrigação de não fazer, ou seja, a de não divulgar aquilo que o árbitro tem ciência sobre aquela arbitragem específica" (Guilherme, 2020, p. 210).

Embora existam regramentos a que o árbitro deve se submeter, não existe um Código de Ética dos árbitros. Contudo, o Conselho

Nacional das Instituições de Mediação e Arbitragem (Conima), a International Bar Association (IBA) e o Centro de Arbitragem e Mediação da Câmara de Comércio Brasil-Canadá (CAM-CCBC) têm proposto orientações de comportamento aos árbitros, visando contribuir para a condução da sessão arbitral.

— 5.4.3 —
Impedimento, suspeição e substituição do árbitro

Considerando o caráter jurisdicional de atuação do árbitro, o qual impõe uma decisão às partes, com força de título executivo judicial (art. 515, inciso VII, do CPC/2015), aquele que profere tal julgamento também está sujeito às mesmas regras de impedimento e suspeição do juiz de direito, nos termos do art. 14 da Lei de Arbitragem, bem como conforme arts. 144 e 145 do CPC/2015.

> Art. 14. Estão impedidos de funcionar como árbitros as pessoas que tenham, com as partes ou com o litígio que lhes for submetido, algumas das relações que caracterizam os casos de impedimento ou suspeição de juízes, aplicando-se-lhes, no que couber, os mesmos deveres e responsabilidades, conforme previsto no Código de Processo Civil.
>
> § 1º As pessoas indicadas para funcionar como árbitro têm o dever de revelar, antes da aceitação da função, qualquer fato que denote dúvida justificada quanto à sua imparcialidade e independência.

§ 2º O árbitro somente poderá ser recusado por motivo ocorrido após sua nomeação. Poderá, entretanto, ser recusado por motivo anterior à sua nomeação, quando:

a) não for nomeado, diretamente, pela parte; ou

b) o motivo para a recusa do árbitro for conhecido posteriormente à sua nomeação. (Brasil, 1996)

Além dos referidos diplomas, os casos de impedimento e suspeição do árbitro também são regulamentados pelos códigos e regimentos das instituições arbitrais.

Quanto ao dever de revelação do árbitro, disposto no parágrafo 1º do art. 14 da Lei de Arbitragem, o Superior Tribunal de Justiça (STJ) já decidiu, de forma unânime, que cabe ao árbitro o dever de revelar fato que possa interferir de forma justificada em sua imparcialidade, ou seja, "não se trata a questão da imparcialidade do árbitro em *numerus clausus*, pelo contrário, estabelece uma dimensão aberta, muito ampla desse dever, em razão das peculiaridades mesmas da arbitragem" (Brasil, 2017).

Já quanto à recusa do árbitro, criado o quadro de impedimentos ou de causas a sugerir suspeitas quanto à imparcialidade e à independência do árbitro, confere-se instrumentos às partes para se rejeitar as indicações, nos arts. 14, 15 e 20, todos da Lei de Arbitragem, os quais retratam o procedimento para a recusa do árbitro, o qual será explicitado quando se tratar do procedimento arbitral (Brasil, 1996).

Todavia, é importante destacar que "o árbitro indicado pela própria parte, ou em conjunto, deve ser por ela direta e previamente investigado e avaliado [...] descabida a recusa após a sua nomeação" (Cahali, 2020, p. 240).

Por fim, o art. 16 da Lei de Arbitragem (Brasil, 1996) trata sobre a substituição do árbitro, o qual, na prática, pode se recusar à nomeação ou se depois da aceitação vier a falecer ou se mostrar impossibilitado de exercer seu encargo, em razão de uma doença, por exemplo. Em situações como essas, é imprescindível que se faça a substituição do árbitro, sob pena de se tornar ineficaz a arbitragem.

Se houver a indicação de suplentes pelas partes, nos termos do *caput* da referida lei, a questão estará resolvida. Contudo, o problema surge quando inexiste indicação de suplente. Nesse caso, abrem-se duas possibilidades às partes: (i) aceitar a indicação de novo profissional pela Câmara, ou (ii), caso uma das partes se negue, é cabível à interessada, nos termos do art. 7º da Lei de Arbitragem, mover ação pertinente para a escolha de árbitro. A arbitragem apenas se extinguirá, nesse caso, se as partes, na convenção de arbitragem, tiverem declarado expressamente não aceitar substituto, nos termos do parágrafo 2º do art. 16 da Lei de Arbitragem (Brasil, 1996).

— 5.4.4 —
Responsabilidade civil e penal do árbitro

Conforme disposto no art. 17 da Lei de Arbitragem, "os árbitros, quando no exercício de suas funções ou em razão delas, ficam equiparados aos funcionários públicos, para os efeitos da legislação penal" (Brasil, 1996).

A perspectiva penal é traçada no sentido de proteger as partes de crimes de concussão, corrupção e prevaricação do árbitro, todos dispostos nos arts. 316, 317 e 319 do Código Penal (Brasil, 1940). Assim como o árbitro está submetido as responsabilidades do funcionário público, as prerrogativas também são a eles aplicáveis, no exercício de sua função, nos termos do art. 331 do Código Penal (Brasil, 1940).

O árbitro também é igualmente responsável, na seara civil, pelos danos que vier a causar às partes, em decorrência de sua atuação, em interpretação extensiva ao art. 143, incisos I e II, do CPC/2015, que dispõe que o juiz togado somente responde quando "no exercício de suas funções, proceder com dolo ou fraude," ou ainda "recusar, omitir ou retardar, sem motivo justo, providencia que deva ordenar de ofício ou a requerimento da parte" (Brasil, 2015a).

Considerando que o árbitro exerce "verdadeira jurisdição privada que lhe é conferida no microssistema da Lei n. 9.307/1996, agindo como juiz de fato e de direito (art. 18), tratando-se de garantia que confere aos consumidores da arbitragem maior segurança e confiabilidade no próprio sistema" (Figueira Júnior, 2019, p. 244).

Ainda acerca da responsabilidade do árbitro, importante a observação de Levy (2013, p. 180):

> Os árbitros, assim como os juízes togados, respondem pelos *errores in procedendo* e não pelos *errores in judicando*, pois eles têm como obrigação proferir uma sentença de acordo com o procedimento escolhido pelas partes e pautada no princípio do devido processo legal, mas a falta de qualidade da sentença, em termos de conteúdo não dá azo à indenização.

Ao tratarmos desse aspecto, não há como deixar de abordar a discussão acerca da responsabilidade, solidária ou não, da câmara arbitral nas atitudes do árbitro. No intuito de se isentar de qualquer responsabilidade, as câmaras têm estipulado, em seus regimentos internos, a sua total isenção quanto aos atos praticados pelos árbitros. Contudo, ainda assim, a questão é sensível, já que a câmara é uma prestadora de serviço e, como tal, também poderá ser imputada, em caráter solidário, a responder pelas atitudes do árbitro.

— 5.5 —
Procedimento arbitral

A flexibilização e a liberdade das partes na condução do procedimento arbitral se mostram como principais características deste regramento. Obviamente, essa autonomia não admite a violação a princípios basilares, como o contraditório, a ampla defesa, a imparcialidade do árbitro, o livre convencimento e o devido processo legal.

Conforme já apontado, as partes determinam as regras do procedimento na cláusula compromissória, na instauração do procedimento ou, ainda, na celebração do compromisso arbitral. A condução do trâmite arbitral pressupõe, como consequência, a observância de princípios básicos, com vistas a sua legalidade e legitimidade.

O princípio do contraditório, disposto no art. 5º, LV, da Constituição Federal de 1988 (Brasil, 1988), da mesma forma que abordado no início da formação acadêmica em direito, "significa o tratamento igualitário entre as partes, diminuindo as diferenças, a fim de se evitar um desequilíbrio na relação processual. Trata-se de oportunizar as partes a participação igualitária em todos os tramites do procedimento, bem como, conceder meios adequados para tanto" (Pinho; Mazzola, 2019, p. 298).

O princípio da igualdade entre as partes, por sua vez, é consequência também da aplicação do princípio do contraditório e dispõe que cabe ao árbitro o tratamento idêntico às partes, seja quanto aos atos praticados, mas também no que concerne a manifestações e impugnações ao árbitro, a produção de provas e ao curso do procedimento arbitral. Esse princípio, no âmbito da arbitragem, também significa que as partes decidiram pelo afastamento de privilégios que deteriam no Poder Judiciário, tais como contagem de prazo diferenciado, assistência jurídica e judiciária gratuita, prioridade de tramitação etc. (Cahali, 2020, p. 253).

A imparcialidade já foi tratada de forma específica no tópico em que se abordou a figura do árbitro, por essa razão é desnecessário tecer mais considerações.

Por fim, o princípio do livre convencimento, consectário lógico da imparcialidade do árbitro, pressupõe que o entendimento do árbitro quanto ao mérito da causa é dinâmico, já que se mostra presente na condução de todo o procedimento. Enquanto o juiz, no Poder Judiciário, está limitado à instrução probatória, o árbitro, por sua vez, tem plena liberdade em produzir provas durante todo o procedimento e, inclusive, requisitar as que entender como necessárias, em uma flexibilização procedimental. Contudo, esse aspecto não o exime da prolação de uma sentença fundamentada, nos moldes dos art. 26, inciso II, e art. 32, inciso III, ambos da Lei de Arbitragem (Brasil, 1996).

— 5.5.1 —
Instauração da arbitragem

A arbitragem é instaurada com a apresentação do requerimento arbitral, por uma das partes, perante a câmara arbitral escolhida. No caso de arbitragem *ad hoc*, o início do procedimento deverá ser requisitado diretamente ao árbitro escolhido. Se a cláusula arbitral for vazia ou de resistência de uma das partes na instauração do procedimento, a parte interessada terá de se socorrer da ação disposta no art. 7º da Lei de Arbitragem, para fazer valer a sua vontade. Essa é a fase preliminar do procedimento.

Nesse sentido, os apontamentos do Prof. Francisco José Cahali (2020, p. 259) explicam:

> com o objetivo de bem fixar as diversas possibilidades de partida para o juízo arbitral, temos: arbitragem institucional, arbitragem com origem em cláusula vazia e arbitragem *ad hoc*: A arbitragem institucional decorrente de compromisso ou de cláusula cheia será instaurada segundo as regras previstas no regulamento da entidade eleita. A arbitragem decorrente de cláusula vazia reclama providencias prévias tendentes à obtenção do compromisso arbitral. De outra parte, a arbitragem *ad hoc* decorrente de compromisso, ou de cláusula quando esta contém a indicação de árbitro, dar-se-á como acordado pelas partes ou mediante solicitação dirigida ao julgador eleito para que este, com sua aceitação da investidura que lhe foi outorgada, promova a convocação do adversário.

Com o pedido de requerimento do procedimento arbitral, é feito o depósito das custas do procedimento, que é direcionado à própria câmara arbitral e, em regra, pago pelo requerente, e, em seguida, a comunicação da parte adversa para ciência do procedimento e manifestação, se assim desejar. Essa manifestação não é a contestação, mas sim uma defesa referente ao pedido de instauração do procedimento, momento em que se pode impugnar o cabimento da arbitragem por inadequações quanto a câmara, número de árbitros, idioma escolhido, legislação aplicável etc. (Cahali, 2020).

Não havendo outras deliberações a serem adotadas, é chegado o momento da escolha do árbitro pelas partes. Se a indicação for única, é oportunizada às partes a indicação de um nome em comum. Caso não entrem em consenso, caberá à câmara arbitral decidir, de acordo com o seu regulamento.

Após a escolha do árbitro e seu consequente aceite para o encargo, as partes são convocadas para a assinatura do termo inicial de arbitragem, nos termos do art. 19 e seguintes da Lei de Arbitragem (Brasil, 1996). É importante destacarmos que não há um termo próprio de aceite do árbitro.

Ainda, de acordo com o parágrafo 1º do art. 19 da Lei de Arbitragem:

> Instituída a arbitragem e entendendo o árbitro ou o tribunal arbitral que há necessidade de explicitar questão disposta na convenção de arbitragem, será elaborado, juntamente com as

> partes, adendo firmado por todos, que passará a fazer parte integrante da convenção de arbitragem. (Brasil, 1996)

O marco temporal disposto no art. 19 é de suma importância, haja vista que, com base nele, passa-se a contar o prazo para a prolação da sentença arbitral, salvo se as partes pactuarem prazo diverso, nos termos do art. 23 da Lei de Arbitragem (Brasil, 1996). Esse ato também é relevante porque é na instituição da arbitragem que se interrompe o prazo prescricional, "retroagindo à data do requerimento de sua instauração, ainda que extinta a arbitragem por ausência de jurisdição", nos termos do parágrafo 2º do art. 19 da Lei de Arbitragem (Brasil, 1996).

— 5.5.2 —
Arguições de competência ou suspeição/impedimento do árbitro e a invalidade da convenção de arbitragem

De acordo com o art. 20 da Lei de Arbitragem:

> Art. 20. A parte que pretender arguir questões relativas à competência, suspeição ou impedimento do árbitro ou dos árbitros, bem como nulidade, invalidade ou ineficácia da convenção de arbitragem, deverá fazê-lo na primeira oportunidade que tiver de se manifestar, após a instituição da arbitragem. (Brasil, 1996)

Isso significa que, caso ultrapassada essa oportunidade, haverá a preclusão do direito da parte, a qual não poderá mais se insurgir quanto ao tema.

O objetivo desse artigo é que possa ser sanada a alegada invalidade da convenção ou o impedimento do árbitro, com sua consequente substituição, com vistas a se evitar a prolação de atos sem eficácia.

No que concerne à exceção do árbitro, quando da sua nomeação, cabe a ele o dever de revelar tudo o que possa causar dúvida justificável quanto à sua imparcialidade, nos termos do parágrafo 1º do art. 14 da Lei de Arbitragem (Brasil, 1996). Contudo, ainda que o árbitro nada revele, a parte, entendendo existir fatos que possam interferir na imparcialidade do árbitro, poderá apresentar recusa, por meio da respectiva exceção diretamente ao árbitro ou ao presidente do tribunal arbitral, deduzindo suas razões e apresentando as provas pertinentes, nos termo dos arts. 15 e 20 da Lei de Arbitragem (Brasil, 1996).

Assim, uma vez arguida essa exceção, o árbitro suspeito ou impedido será substituído, nos termos do art. 16 da Lei de Arbitragem (Brasil, 1996). Caso as partes não tenham convencionado essa possibilidade e ausente a concordância de uma das partes quanto à escolha de novo árbitro, caberá à parte interessada ajuizar a ação prevista no art. 7º da mesma lei, diretamente perante o Poder Judiciário. Importante destacar que, caso a suspeição ou impedimento venha a ser descoberto no curso do procedimento arbitral, não há de se falar em preclusão desse pleito.

No que concerne à cláusula compromissória, por sua vez, o art. 20 da Lei de Arbitragem também dispõe que tal arguição deve ser suscitada na primeira oportunidade, em razão do princípio da *kompetenz-kompetenz*, e que, caso seja reconhecida a sua invalidade ou ineficácia, o procedimento arbitral será extinto, com a liberdade das partes para que busquem a resolução do conflito no Poder Judiciário partes (Brasil, 1996).

Aqui, não há qualquer responsabilidade do árbitro ou da câmara arbitral na condução das partes ao Judiciário, já que esse ato é reflexo do direito de ação que ambos os interessados detêm.

— 5.5.3 —
A conciliação das partes no procedimento arbitral

Nos termos do art. 21, parágrafo 4º da Lei de Arbitragem: "Competirá ao árbitro ou ao tribunal arbitral, no início do procedimento, tentar a conciliação das partes, aplicando-se, no que couber, o art. 28 desta Lei" (Brasil, 1996).

O art. 28, por sua vez, dispõe que

> Art. 28. Se, no decurso da arbitragem, as partes chegarem a um acordo quanto ao litígio, o árbitro ou o tribunal arbitral poderá, a pedido das partes, declarar tal fato mediante sentença arbitral, que conterá os requisitos do art. 26 desta Lei. (Brasil, 1996)

Assim como no âmbito do Judiciário, no procedimento arbitral as partes têm a oportunidade de transacionar a qualquer momento, já que "não está o árbitro limitado a tentativa de conciliação apenas na fase inicial do processo arbitral, podendo, a qualquer instante, de ofício ou por requerimento, intimar as partes a comparecerem em audiência ou reunião com esta finalidade" (Beraldo, 2014, p. 293).

O acordo celebrado entre as partes, no curso do procedimento arbitral, será homologado pelo árbitro, o qual conferirá a transação força de título executivo judicial, nos termos do art. 31 da Lei de Arbitragem (Brasil, 1996).

É importante destacarmos que a Lei de Arbitragem trata de conciliação, e não de mediação, contudo, nada impede que as partes, por meio de uma cláusula escalonada ou, ainda, por indicação do próprio árbitro, tentem resolver o conflito pela mediação, com a condução por um mediador, e não pelo árbitro; e, no momento seguinte, pela conciliação.

— 5.5.4 —
Fase postulatória na arbitragem

Após a celebração do termo inicial de arbitragem, abre-se à parte autora prazo para a apresentação de petição inicial e, em ato seguinte, oportunidade para que a parte ré apresente contestação (ou até reconvenção, caso tal possibilidade esteja prevista nos termos de arbitragem ou regulamento da câmara). De forma respectiva, este é o momento para a juntada da prova documental pelas partes.

Apresentada a contestação, abre-se a possibilidade de réplica e tréplica, seguida do pedido de produção de provas, de forma bastante similar ao procedimento adotado no Judiciário. Enquanto, no Judiciário, de acordo com o Código de Processo Civil (Brasil, 2015a) há a distribuição do ônus da prova, na arbitragem, esse regramento inexiste, pois é dever e interesse de ambas as partes a apresentação das mais diversas provas, contribuindo ativamente na sua produção.

No procedimento arbitral, "o próprio árbitro tem alargada, de direito e de fato, a sua autoridade na condução do procedimento, cabendo-lhe interferir ativamente na instrução da causa, para consolidar o seu livre convencimento sobre os fatos, necessário a adequada solução do conflito" (Cahali, 2020, p. 288).

Diferentemente do juiz no Poder Judiciário, o árbitro exerce posição proativa no procedimento arbitral, em consonância com o art. 22 da Lei de Arbitragem:

> Art. 22. Poderá o árbitro ou o tribunal arbitral tomar o depoimento das partes, ouvir testemunhas e determinar a realização de perícias ou outras provas que julgar necessárias, mediante requerimento das partes ou de ofício. (Brasil, 1996)

Tal atribuição ativa é confirmada como uma das atribuições do árbitro, nos termos do art. 13, parágrafo 6º, da referida lei (Brasil, 1996).

Questão bastante delicada é a realização de provas de ofício é uma questão bastante delicada. Cappelletti e Garth compreendem que a adoção de um julgador mais ativo deve ser vista como um apoio, e não um obstáculo, já que "mesmo em litígios que envolvam exclusivamente duas partes, ele maximiza as oportunidades de que o resultado seja justo e não reflita apenas as desigualdades das partes" (Cappelletti; Garth, 1988, p. 77).

Em mesmo sentido, Dinamarco aponta que "a imparcialidade não resulta comprometida quando, com serenidade e consciência da necessidade de instruir-se para melhor julgar, o juiz supre com iniciativas as próprias deficiências probatórias das partes" (Dinamarco, 2002, p. 54).

No que concerne às despesas necessárias para a realização da prova, deve-se observar o termo inicial de arbitragem ou, ausente esse aspecto, o regulamento do órgão arbitral, cabendo ao árbitro sanar eventuais dúvidas sobre a responsabilidade do pagamento. Como regra lógica, quem solicita a prova é o responsável pelo pagamento de suas despesas.

A condução da audiência de instrução e julgamento compete ao árbitro, a quem fora atribuída a autoridade para a condução do procedimento (Beraldo, 2014). Em atenção a essa autoridade, nos termos do art. 21, parágrafo 1º, da Lei n. 9.307/1996 (Brasil, 1996), e pautado na flexibilidade do procedimento, é que se faz possível a produção da prova de forma diluída, ou seja, em mais de uma oportunidade, e não apenas em um único ato, como feito, em regra, no Judiciário – art. 357 CPC/2015 (Brasil, 2015a).

> Não há na arbitragem, procedimento cerrado quanto à produção de provas, de modo que o depoimento pessoal pode se dar em reunião isolada para tal fim; pode ser deslocado para momento subsequente à oitiva das testemunhas; o depoimento pessoal, se conveniente for, pode ser realizado após terem sido ouvidas as testemunhas e *experts*. A oitiva das testemunhas pode se dar separadamente, dependendo das circunstâncias e, mesmo, repita-se, anteriormente à realização da perícia. (Martins, 2008a, p. 2)

Assim, diferentemente do Código de Processo Civil de 2015, que dispõe acerca de procedimento cronológico da produção da prova (pericial, depoimento pessoal e testemunhal), não há essa imposição, no procedimento arbitral, cabendo ao árbitro decidir o melhor momento para a produção de cada uma das provas deferidas.

As regras do Código de Processo Civil não se aplicam de forma automática ao procedimento arbitral, cabendo a observância ao termo inicial de arbitragem, ao regulamento da câmara escolhida e ao entendimento e condução do árbitro.

— 5.5.5 —
Depoimento das partes, das testemunhas e da prova pericial na arbitragem

Assim como no Judiciário, o depoimento das partes se mostra, muitas vezes, como prova imprescindível para a compreensão e os esclarecimentos dos fatos ao julgador. Ainda que se trate de causa eminentemente de direito, o depoimento das partes sempre contribui para um julgamento mais claro e objetivo da causa. Além disso, por meio de tal prova, pode-se obter a confissão do envolvido, no que concerne a determinado aspecto da demanda.

Se o conflito envolver pessoa jurídica, o art. 21, parágrafo 3º, da Lei de Arbitragem, recomenda que seja colhido o depoimento daquele que "a represente ou assista no procedimento arbitral" (Brasil, 1996), ou seja, o preposto que, de fato, detenha conhecimento sobre os fatos discutidos no caso.

Em atenção à flexibilidade do procedimento, não há qualquer impedimento de que os advogados da própria parte e o árbitro façam perguntas diretas ao depoente, durante a sessão de instrução. Em outras palavras, o depoimento é visto como um "debate", em que todas as partes têm o direito de realizar perguntas, sempre com respeito ao contraditório e evitando-se abusos ou perguntas tendenciosas.

O depoimento pessoal é sempre a melhor opção. Contudo, nada impede que essa prova seja colhida à distância, por videoconferência ou outro meio tecnológico, técnicas já utilizadas na arbitragem, em aplicação subsidiária ao art. 385, parágrafo 3º, do CPC/2015 (Brasil, 2015a).

De acordo com o parágrafo 1º do art. 22 da Lei de Arbitragem: "o depoimento das partes e testemunhas será tomado em dia e hora previamente designados, e reduzidos a termo, o qual será assinado pelo depoente e pelo árbitro" (Brasil, 1996).

Caso a parte tenha sido intimada para prestar depoimento e não compareça ao ato, o parágrafo 2º do art. 22 da Lei de Arbitragem dispõe:

> Em caso de desatendimento, sem justa causa, da convocação para prestar depoimento pessoal, o árbitro ou o tribunal arbitral levará em consideração o comportamento da parte faltosa, ao proferir sua sentença. (Brasil, 1996)

Na prática, significa que o árbitro considerará tal ausência de forma negativa à parte faltante, fazendo uso da "inferência negativa" no momento de decidir.

Com relação à oitiva da testemunha, muitas vezes, essa prova se mostra essencial para a compreensão dos fatos e da comprovação do direito de um dos envolvidos. No campo da arbitragem, além da figura da testemunha, apresentada no art. 442 do Código de Processo Civil/2015, também se tem a oitiva de testemunha técnica, denominada *expert witness*.

Na instrução probatória, o papel da testemunha é de relatar os fatos que presenciou ou de que ouviu falar, sem emitir juízo de valor. No caso do *expert witness*, espécie de prova semelhante à técnica simplificada na esfera processual (art. 464, §§2º e 3º do CPC/2015), entretanto, o especialista não presenciou os fatos, mas é chamado para depor e emitir sua opinião com base em seu conhecimento teórico.

O resultado da utilização do *expert witness* é similar à utilização da prova pericial, porém, como explica Cahali (2020, p. 294):

sem o formalismo e complexidade de um laudo pericial [...] seria como convocar o perito para esclarecimento em audiência (art. 477, §3º e 361, I, do CPC/2015), sem, contudo, ter sido por ele apresentado o laudo e dispensadas as burocráticas formalidades da lei processual (p. ex., apresentação por escrito de perguntas com antecedência etc.).

Na prova testemunhal, caso a testemunha seja intimada e não compareça ao ato, "poderá o árbitro ou o presidente do tribunal arbitral requerer à autoridade judiciária que conduza a testemunha renitente, comprovando a existência da convenção de arbitragem", nos termos do art. 22, parágrafo 2º, da Lei n. 9.307/1996 (Brasil, 1996). Em outras palavras, assim como no Judiciário, a testemunha será conduzida de forma coercitiva, por meio de decisão proferida no âmbito do Poder Judiciário, cabendo ao árbitro solicitar tal providência.

Por fim, com relação à prova pericial, embora, na arbitragem, o julgador do procedimento tenha sido escolhido em razão de sua *expertise*, esse aspecto não afasta a necessidade da produção da prova pericial, especialmente para a apuração de questões técnicas controvertidas.

Da mesma forma que no Poder Judiciário, na arbitragem, o perito será indicado pelo árbitro, mas também pode ser escolhido pelas partes. O laudo do *expert* será redigido com base nos quesitos apresentados pelas partes, cabendo ao árbitro determinar, de maneira específica, o espectro da perícia.

Após a entrega do laudo, as partes terão a oportunidade de apresentar quesitos complementares e suplementares, além do próprio árbitro, que poderá dialogar com o perito designado, a fim de sanar todas as dúvidas para o julgamento do feito.

— 5.5.6 —
Revelia da parte na arbitragem

O instituto da revelia, no Código de Processo Civil, está disposto no art. 344 e determina que a ausência de contestação, pelo réu, ressalvadas as exceções, presume a veracidade dos fatos alegados pelo autor (Brasil, 2015a).

Na arbitragem, não há a figura da revelia, portanto a parte poderá acompanhar todo o procedimento, produzir provas e apresentar suas manifestações. Contudo, a ausência de contestação da parte será levada em consideração, de forma negativa, pelo árbitro.

Importante salientarmos que à revelia não impede a prolação de sentença arbitral, nos termos do parágrafo 3º, art. 22, da Lei de Arbitragem (Brasil, 1996). Significa dizer, como consequência, que a "inércia da parte (não apenas a omissão na apresentação da defesa, mas também a ausência das partes em qualquer ato do processo) não obsta o desenvolvimento do procedimento e a prolação da respectiva sentença" (Pinho; Mazzola, 2019, p. 312).

— 5.5.7 —
Participação do advogado na arbitragem

Embora a figura do advogado seja de extrema importância para a condução da justiça, no procedimento arbitral a sua presença não é obrigatória, conforme dispõe o art. 21, parágrafo 3º, da Lei n. 9.307/1996: "As partes poderão postular por intermédio de advogado, respeitada, sempre, a faculdade de designar quem as represente ou assista no procedimento arbitral" (Brasil, 1996). Contudo, em razão da especificidade do procedimento, é rara a instauração da arbitragem sem a presença de advogados, justamente em razão da especialidade do método escolhido.

Alguns regulamentos de câmaras arbitrais, a fim de evitar qualquer arguição futura de nulidade do procedimento, exigem que as partes estejam representadas por advogado, imposição bastante controvertida, se observada a própria Lei de Arbitragem.

— 5.6 —
Sentença arbitral

A sentença arbitral é o documento que confere às partes – vencedora ou vencida – a decisão final do árbitro escolhido acerca da questão que lhe fora posta para resolução.

Diversamente da sentença judicial, que é passível de recurso, verificaremos, nesta seção, que a sentença arbitral é irrecorrível, justamente, pelo caráter de especialidade do árbitro e pela possibilidade de escolha, das partes, daquele que vai decidir o conflito.

E, para que a sentença arbitral seja válida e eficaz, é necessário o cumprimento de seus requisitos básicos pelo árbitro e pelas partes, no que se refere ao prazo para eventual pedido de anulação da sentença arbitral. Esses e outros aspectos essenciais serão abordados nesta seção.

— 5.6.1 —
Prazo da sentença arbitral

Conforme dispõe o art. 23 da Lei n. 9.307/1996, o prazo para proferir a sentença arbitral deve ser "estipulado pelas partes. Nada tendo sido convencionado, o prazo para a apresentação da sentença é de seis meses, contado da instituição da arbitragem ou da substituição do árbitro" (Brasil, 1996).

Uma das principais vantagens da arbitragem é a celeridade na resolução do conflito, já que as partes, diferentemente do que ocorre no Judiciário, têm a oportunidade de decidir o prazo da prolação da sentença, que pode ser de seis meses, ou ainda, em outro prazo que os próprios interessados assim estipularem. Enquanto em um processo judicial, no prazo de seis meses, sequer é designada a audiência de instrução e julgamento, na arbitragem, já se é possível a divulgação de uma sentença.

É importante frisarmos que o prazo estipulado no art. 23 da Lei n. 9.307/1996 conta-se da instituição do termo inicial de arbitragem (com as disposições do procedimento e aceite do árbitro, nos termos do art. 19 da mesma lei), e não da reclamação da parte junto à câmara arbitral, ou ao árbitro, na modalidade *ad hoc*.

Legal ou convencional, ainda que as partes tenham estipulado, no termo inicial, a prolação da sentença em seis meses, podem solicitar, de comum acordo, a dilação desse prazo, a depender da complexidade da causa. Afinal, o intuito das partes, ao escolher pela arbitragem, é a prolação da decisão mais completa e específica possível.

O respeito ao prazo da entrega da sentença arbitral é essencial no procedimento porque, caso essa regra não seja cumprida, o art. 32, inciso IV, é claro ao dispor que "é nula a sentença arbitral se: IV – proferida fora do prazo, respeitado o disposto no art. 12, inciso III, desta Lei;" (Brasil, 1996).

O art. 12, inciso III, por sua vez, dispõe que:

> tendo expirado o prazo a que se refere o art. 11, inciso III, desde que a parte interessada tenha notificado o árbitro, ou o presidente do tribunal arbitral, concedendo-lhe o prazo de dez dias para a prolação e apresentação da sentença arbitral. (Brasil, 1996)

Em outras palavras, a sentença arbitral apenas será considerada nula se, após a notificação do árbitro para a entrega da sentença, no prazo de dez dias, ele não vier a fazê-lo. Essa observação é importante para se evitar que as partes se utilizem, de forma tendenciosa, do decurso do tempo para posterior alegação de nulidade.

— 5.6.2 —
Requisitos da sentença arbitral

A sentença arbitral pode ser declaratória, constitutiva ou condenatória, a depender do caso que se coloca ao julgamento do árbitro. Ainda, a sentença pode ser definitiva quando tem por objetivo a resolução de mérito do conflito; terminativa, hipótese em que não se encerra a controvérsia, e que obriga que a parte interessada busque a resolução do conflito pelo Poder Judiciário, como no caso de nulidade da convenção arbitral, por exemplo, e homologatória, de acordo com a autonomia da vontade das partes, a qual será levada a termo ao árbitro, para homologação, nos termos do art. 28 da Lei n. 9.307/1996 (Brasil, 1996).

Independentemente da forma como a sentença será proferida, em todas as hipóteses indicadas, devem ser preenchidos os requisitos do art. 26 da Lei de Arbitragem:

> Art. 26. São requisitos obrigatórios da sentença arbitral:
>
> I – o relatório, que conterá os nomes das partes e um resumo do litígio;

II – os fundamentos da decisão, onde serão analisadas as questões de fato e de direito, mencionando-se, expressamente, se os árbitros julgaram por equidade;

III – o dispositivo, em que os árbitros resolverão as questões que lhes forem submetidas e estabelecerão o prazo para o cumprimento da decisão, se for o caso; e

IV – a data e o lugar em que foi proferida.

Parágrafo único. A sentença arbitral será assinada pelo árbitro ou por todos os árbitros. Caberá ao presidente do tribunal arbitral, na hipótese de um ou alguns dos árbitros não poder ou não querer assinar a sentença, certificar tal fato. (Brasil, 1996)

Conforme dispõe o art. 24 da Lei n. 9.307/1996, "a decisão do árbitro ou dos árbitros será expressa em documento escrito" (Brasil, 1996). Em outras palavras, em que pese a autonomia das partes para a escolha do procedimento e seus regramentos, não é permitida a prolação de sentença oral, justamente a fim de se conferir segurança jurídica e executoriedade à decisão, já que conferida a qualidade de título executivo judicial, nos termos do art. 515, inciso VII, do CPC/2015 (Brasil, 2015a).

A sentença arbitral deve ser assinada por todos os árbitros e, na ausência de algum, tal fato deverá ser certificado pelo árbitro, para conferir validade e transparência ao ato. Mesmo que tal requisito não se encontre expresso no art. 26 como pressuposto essencial, "assim também deve ser considerado como o elemento constante no parágrafo único daquele dispositivo, ou seja, a assinatura do árbitro ou dos árbitros que compõem o tribunal arbitral" (Câmara, 1997, p. 125).

Os requisitos básicos da sentença arbitral se assemelham aos exigidos em uma sentença judicial (art. 489 do CPC/2015), o que acaba por confirmar o caráter jurisdicional da decisão proferida pelo árbitro.

O relatório deve conter todos os elementos apresentados no caso, em especial, os regramentos especificados no termo inicial de arbitragem, ou, no compromisso arbitral, a depender do caso. Também é importante que o relatório apresente a pretensão das partes, para se verificar a extensão e limites da arbitragem (Pinho; Mazzola, 2019).

Na fundamentação, deverá o árbitro apresentar a subsunção do fato à norma, com a disposição de todos os elementos de convencimento de sua decisão, além de sua *expertise*, elemento imprescindível para a escolha da arbitragem na resolução do conflito.

A fundamentação da decisão deve estar ainda mais completa quando a arbitragem for decidida por equidade, já que, como explica Cahali (2020, p. 349), "maior atenção deverá ter o árbitro ao informar seus elementos de convicção para, no caso em exame, encontrar a solução que lhe pareça mais justa, devendo ser expressamente indicada na convenção arbitral ou termo de arbitragem a utilização desta forma".

De fato, não há como discordar que a sentença arbitral também deve seguir as mesmas disposições do art. 489, parágrafo 1º do CPC/2015, já que "o livre convencimento devidamente motivado passou a exigir a observância pelo árbitro de todas as hipóteses abarcadas pelo artigo" (Carneiro; Greco; Pinho, 2018, p. 246).

O dispositivo da sentença é a parte em que se resolve, de forma objetiva e pontual, o conflito posto ao julgamento do árbitro, sob pena da prolação de sentenças *cita, extra ou ultra petita*, cabíveis de invalidação, nos termos do art. 32, inciso IV, da Lei n. 9.307/1996 (Brasil, 1996). Segundo Cahali (2020, p. 349), o dispositivo "é a congruência entre os pedidos das partes e o decidido pelo árbitro ou painel arbitral, mas não há obrigatoriedade dos julgadores esmiuçarem cada ponto decidido".

Por fim, a indicação do local em que fora proferida a sentença arbitral é importante para se identificar se a sentença é estrangeira ou nacional, o que, como consequência, repercute na necessidade da homologação pelo Superior Tribunal de Justiça, caso seja estrangeira, nos termos do art. 35 da Lei de Arbitragem (Brasil, 1996). A indicação da data, por sua vez, mostra o termo final a contagem do prazo para a apresentação da sentença arbitral, o qual teve início no termo inicial ou, ainda, no compromisso arbitral, a depender do caso.

— 5.6.3 —
Sentenças parciais

Antes de sua atualização pela Lei n. 13.129/2015, a literalidade da Lei de Arbitragem, Lei n. 9.307/1996 (Brasil, 1996), orientava ao entendimento pela nulidade de sentenças arbitrais parciais ou fracionadas, conforme leitura do art. 32, inciso V, revogado pela Lei n. 13.129/2015 (Brasil, 2015a).

Contudo, essa controvérsia deixou de existir com a inclusão do parágrafo 1º do art. 23 da Lei n. 9.307/1996, que passou a dispor: "Os árbitros poderão proferir sentenças parciais" (Brasil, 1996).

Essa alteração veio em consonância com a própria alteração da legislação processual, pelo Código de Processo Civil de 2015, que também passou a apresentar tal possibilidade de forma expressa pelo art. 356 (Brasil, 2015a).

Como bem destaca Carlos Alberto Carmona, a possibilidade de sentenças parciais visa salvaguardar a própria autonomia da vontade das partes e explica que

> a permissão para que sejam proferidas sentenças parciais pode vir ao encontro do interesse das partes, que eventualmente terão necessidade de ver resolvidos rapidamente determinados pleitos, o que facilitará (ou condicionará) o normal desenvolvimento de obrigações contratuais múltiplas. As sentenças arbitrais parciais certamente entrarão em cogitação para dirimir litígios que demandem liquidação, bem como para múltiplas demandas societárias, em que os contendentes muitas vezes precisam de decisão rápida acerca de partes dos litígios (que reclamam apenas resolução de questões de direito). (Carmona, 2009, p. 348-349)

Imagine-se a hipótese de um pedido de indenizatório complexo que demanda prova pericial relativamente onerosa. Nesse caso, em vez da produção dessa prova, as partes podem resolver que, primeiramente, desejam que o árbitro decida sobre a validade do próprio contrato, posto que, se for declarado nulo, a prova pericial torna-se imprestável ao caso (Pinho; Mazzola, 2019, p. 339). Como argumenta Cahali (2020, p. 359), "sabe-se que é melhor apreciar a responsabilidade (culpa) por um descumprimento do contrato previamente à apuração dos prejuízos decorrentes [...] será mais lógico previamente reconhecer a culpa por um evento danoso para, na sequência, verificar a extensão do prejuízo".

Importante destacar que, mesmo na hipótese de sentenças parciais, ou também denominadas de "por etapas", haverá o encerramento do procedimento arbitral, nos mesmos moldes da sentença que trate sobre a totalidade da controvérsia, nos termos do art. 29 da Lei n. 9.307/1996 (Brasil, 1996).

— 5.6.4 —
Do julgamento proferido por tribunal arbitral e da comunicação da sentença arbitral

A sentença arbitral "poderá ser proferida por um único árbitro, em decisão singular, ou ainda, por um tribunal arbitral, quando houver três árbitros ou mais para o julgamento da causa", nos termos do art. 24, parágrafo 1º, da Lei de Arbitragem (Brasil, 1996). Nesse caso, também haverá a prolação de uma sentença, todavia, de forma colegiada.

Conforme o art. 13, parágrafos 1º e 2º, da Lei n. 9.307/1996, o tribunal arbitral pode ser composto por três, cinco ou mais árbitros, sempre em número ímpar, a fim de se evitar empate no julgamento (Brasil, 1996). Tratando-se de uma decisão em colegiado, a sentença será proferida em consonância com o entendimento majoritário dos árbitros.

Dessa forma, como explicam Pinho e Mazzola (2019, p. 343), caso ocorram

> divergência qualitativa (procedência, improcedência e procedência parcial) e quantitativa (fixação de valores distintos a título de indenização) [...] caberá ao presidente do painel decidir, a menos que as partes tenham ajustado de alguma outra forma, ou exista regulamento da entidade arbitral.

Em outro aspecto, com relação à comunicação da sentença arbitral às partes, considerando a flexibilização do procedimento arbitral, o art. 29 da Lei de Arbitragem dispõe que:

> Art. 29. Proferida a sentença arbitral, dá-se por finda a arbitragem, devendo o árbitro, ou o presidente do tribunal arbitral, enviar cópia da decisão às partes, por via postal ou por outro meio qualquer de comunicação, mediante comprovação de recebimento, ou, ainda, entregando-a diretamente às partes, mediante recibo. (Brasil, 1996)

Inicialmente, deve-se frisar que a comunicação da sentença será direcionada às partes, e não a seus procuradores, como usualmente ocorre no Judiciário. Contudo, pela própria autonomia da vontade das partes, nada impede que convencionem que o envio da decisão também será direcionado aos procuradores.

Quanto ao envio da decisão, em que pese a legislação traga o termo *cópia*, o mais usual é que os árbitros enviem os originais da sentença em tantas vias quanto necessárias as partes e a própria câmara arbitral, para arquivamento do procedimento (Cahali, 2020).

A forma de envio, caso não seja possível a entrega de forma pessoal, poderá ser feita também por *e-mail* ou outro método de comunicação, como WhatsApp, por exemplo, desde que as partes assim tenham acordado e desde que haja a comprovação de recebimento da mensagem.

A data de comunicação da sentença é imprescindível, posto que é a partir dela que se inicia o prazo para eventuais pedidos de esclarecimentos, nos termos do art. 30, I e II, bem como, o prazo decadencial para o ajuizamento de ação anulatória do procedimento arbitral, conforme art. 33, parágrafo 1º, todos da Lei n. 9.307/1996, Lei de Arbitragem (Brasil, 1996).

— 5.6.5 —
Pedido de esclarecimentos ou embargos arbitrais

Inexiste previsão legal quanto ao cabimento de recursos da sentença arbitral. Também não é cabível o ajuizamento de ação rescisória, mas tão somente, de ação anulatória, questão que será abordada em tópico específico. Todavia, a Lei de Arbitragem apresenta a possibilidade do denominado *pedido de esclarecimentos* com vistas a correção de erro material, omissão, contradição ou obscuridade na sentença arbitral, no prazo de cinco dias, nos termos do art. 30, e seus incisos, da referida lei (Brasil, 1996).

O instituto é bastante similar aos Embargos de Declaração, disposto no CPC/2015, razão pela qual mostra-se proveitoso ao leitor se utilizar desse parâmetro, como compreensão para a modalidade na arbitragem.

O erro material se verifica quando há incongruência em números, informações, quantidade ou qualidade de algo, o que não corresponde a intenção do julgador. Esse equívoco, por se tratar de questão que não contamina a decisão em sua essência, pode ser sanado até mesmo de ofício.

Decisão obscura é aquela que não apresenta, de forma precisa, o raciocínio apresentado no julgado. Trata-se de decisão de difícil compreensão, com afirmações ou fundamentos inconciliáveis, que levam a resultado diverso do esperado.

Já a decisão contraditória é aquela que apresenta, em um mesmo momento, decisões e/ou posicionamentos conflitantes. E a decisão omissa, por sua vez, é aquela que deixa de se manifestar sobre aspecto essencial da demanda, suscitada pelas partes, e que pode desencadear a modificação de mérito da sentença.

Após o pedido de esclarecimentos, o parágrafo único do art. 30 da Lei de Arbitragem (Brasil, 1996) dispõe que o árbitro decidirá tal questão no prazo de dez dias, ou em outro acordado entre as partes, as quais serão notificadas da decisão.

Por fim, o prazo para a propositura de eventual ação anulatória, somente começará a fluir a partir da comunicação da decisão dos embargos arbitrais, nos termos do art. 33, parágrafo 1º da Lei de Arbitragem (Brasil, 1996).

— 5.6.6 —
Efeitos da sentença arbitral

Após o pedido de esclarecimentos da decisão arbitral, se houver, encerra-se o procedimento arbitral e todos os seus aspectos: árbitro, jurisdição arbitral, câmara, bem como toda e qualquer decisão de mérito sobre a controvérsia que ali fora julgada, posto que, de acordo com o art. 31 da Lei de Arbitragem: "a sentença arbitral produz, entre as partes e seus sucessores, os mesmos efeitos da sentença proferida pelos órgãos do Poder Judiciário e, sendo condenatória, constitui título executivo" (Brasil, 1996). Em outras palavras, trata-se de um título executivo judicial, nos termos do art. 515, inciso VII, do CPC/2015.

A consequência lógica de uma sentença arbitral proferida, transitada em julgado e não cumprida pela parte adversa, é a mesma que da sentença apresentada pelo Judiciário: a sua plena executoriedade. Isso significa que, assim como a sentença proferida por um juiz de direito, a sentença prolatada pelo árbitro é passível de protesto, inscrição do nome do devedor nos cadastros de proteção ao crédito, de averbação e registro em órgãos de registro público, independentemente de homologação do Poder Judiciário (Souza, 2001).

— 5.6.7 —
Invalidação da sentença

Inicialmente, é importante destacar que a utilização do termo *invalidação* se mostra o mais adequado a este estudo, pois pretende-se diferenciar do termo *nulidades civis*, posto que "a invalidade de sentença é matéria que deve ser analisada com as lentes do direito processual; por sua vez, a nulidade da convenção (causa legal para aquela) se apura com base nos elementos do direito civil (direito material)" (Cahali, 2020, p. 408).

Feita essas ressalvas, cabe analisar as hipóteses de invalidação da sentença arbitral, as quais encontram-se previstas no art. 32 da Lei de Arbitragem:

> Art. 32. É nula a sentença arbitral se:
>
> I – for nula a convenção de arbitragem
>
> II – emanou de quem não podia ser árbitro;
>
> III – não contiver os requisitos do art. 26 desta Lei;
>
> IV – for proferida fora dos limites da convenção de arbitragem;
>
> V – revogado
>
> VI – comprovado que foi proferida por prevaricação, concussão ou corrupção passiva;

VII – proferida fora do prazo, respeitado o disposto no art. 12, inciso III, desta Lei;

VIII – forem desrespeitados os princípios de que trata o art. 21, § 2º, desta Lei. (Brasil, 1996)

O rol disposto nesse artigo é taxativo: apenas as hipóteses ali referidas são passíveis de desencadearem o ajuizamento de ação anulatória.

Em relação ao inciso I do art. 32, "for nula a convenção de arbitragem", significa dizer que, caso tenha ocorrido algum dos vícios referentes aos negócios jurídicos, dispostos no Código Civil de 2002, tais como: erro, dolo, coação, simulação etc., todos dispostos nos arts. 166, 167 e 171, ambos do Código Civil de 2002 (Brasil, 2002), o que deve ser apontado na primeira oportunidade que as partes tiverem, nos termos do art. 20 da Lei de Arbitragem, a sentença arbitral poderá ser declarada inválida.

O inciso II da supracitada lei, "emanou de quem não podia ser árbitro", traz o pressuposto de que o árbitro deve ter a capacidade de estar investido nesse ofício, ou seja, não pode estar impedido, nem suspeito, e tem o dever de revelar toda e qualquer situação que o possa inserir em dúvida quanto a sua imparcialidade. Além disso, o requisito básico para a função de árbitro é a capacidade civil plena, em distanciamento às hipóteses dos artigos 3º e 4º do Código Civil de 2002 (Brasil, 2002). Ainda, "é preciso que a capacidade perdure todo o arco do procedimento, desde a data da aceitação do encargo (momento em que se instaura a arbitragem) até o instante em que o laudo é proferido" (Carmona, 2009, p. 402).

O inciso III, "não contiver os requisitos do art. 26 desta Lei", trata de requisito objetivo e concreto da sentença arbitral. Caso a sentença seja proferida fora dos moldes do art. 26 da Lei de Arbitragem, já abordados anteriormente, também se abre a possibilidade de invalidade da decisão proferida pelo árbitro.

Com relação ao que dispõe o inciso IV, "for proferida fora dos limites da convenção de arbitragem", significa dizer que a sentença arbitral deve ser proferida nos moldes da convenção de arbitragem, do termo inicial, ou ainda, do compromisso arbitral, a depender do caso. Trata-se da vedação na prolação de sentenças *citra, extra ou ultra petita*.

O inciso VI aborda o cabimento da invalidação da decisão caso "comprovado que foi proferida por prevaricação, concussão ou corrupção passiva", hipóteses descritas nos arts. 319, 316 e 317, ambos do Código Penal. Aqui é importante frisar que os árbitros, por serem considerados como funcionários públicos, possuem os mesmos direitos e deveres no exercício de sua função, nos termos do art. 17 da Lei de Arbitragem.

A hipótese do inciso VII, "proferida fora do prazo, respeitado o disposto no art. 12, inciso III, desta Lei", também é causa para o pedido de anulação da sentença arbitral, desde que o árbitro seja previamente notificado para que, no prazo de dez dias, apresente a sentença arbitral. Caso assim não proceda, abre-se então a possibilidade de invalidade da sentença e, como consequência, do interesse ao ajuizamento da ação anulatória perante o Poder Judiciário.

Por fim, o inciso VIII trata da invalidação quando "forem desrespeitados os princípios do que trata o art. 21, §2º, desta Lei", ou seja, a inobservância aos princípios básicos aplicáveis ao procedimento, já abordados em tópico específico do presente livro, e que se destinam a dar segurança jurídica e previsibilidade ao procedimento.

Caso ocorra alguma dessas hipóteses, a parte interessada terá o direito de ajuíza ação anulatória de sentença arbitral, no prazo decadencial de 90 dias, a contar da comunicação das partes quanto à respectiva sentença, nos termos do art. 32 da Lei de Arbitragem (Brasil, 1996). Aqui é importante frisar que esse prazo tem o termo inicial diferente para cada parte, posto que o seu início é da ciência da sentença arbitral, o que poderá ocorrer em dias diferentes. Também de acordo com o citado artigo, a invalidade poderá ser requerida em caráter total ou parcial da sentença arbitral.

Considerando que o prazo para o ajuizamento da respectiva demanda é decadencial, tal prazo não se interrompe e nem se suspende (Carmona, 2009).

A legitimidade para o ajuizamento da respectiva ação é da parte sucumbente, não cabendo aos árbitros ou instituições arbitrais atuarem no polo passivo da presente demanda (Pinho; Mazzola, 2019).

Caso seja declarada a invalidade da sentença arbitral no todo ou em parte, o juiz, a depender do caso, determinará a prolação de nova decisão pelo árbitro, nos termos do art. 33, parágrafo 2º da Lei de Arbitragem. Contudo, caso seja o caso de invalidação da sentença por nulidade da convenção de arbitragem, por exemplo, as partes estarão livres para a resolução da questão perante o Poder Judiciário, em demanda própria, já que é vedado ao Judiciário a reapreciação do mérito da arbitragem. Pinho e Mazzola informam:

> Nesta hipótese específica, nada impede que as partes firmem nova convenção arbitral para submeter o conflito à jurisdição arbitral, observadas evidentemente as arbitralidades subjetiva e objetiva. O que não é permitido é o Poder Judiciário julgar, diretamente, o conflito propriamente dito, diante da ausência da jurisdição arbitral. O julgamento do conflito pelo Poder Judiciário depende de provocação da jurisdição estatal pelo interessado. (Pinho; Mazzola, 2019, p. 356)

O ajuizamento de Ação Anulatória de Sentença Arbitral não suspende os efeitos da sentença arbitral, cabendo à parte, se assim desejar, pleitear uma tutela de urgência com vistas a suspender a eficácia da decisão arbitral, que poderá ser executada pela parte interessada a qualquer momento, já que se trata de um título executivo judicial, nos termos do art. 515, VII, do CPC/2015 (Brasil, 2015a).

Por fim, outra forma de impugnar a sentença arbitral quanto à sua validade, "é o pedido de decretação de nulidade da sentença arbitral em sede de impugnação ao cumprimento de sentença", observado o disposto no art. 525 do CPC/2015. Todavia, esse pleito deverá ser feito no prazo decadencial de 90 dias. Em outras palavras, caso o cumprimento de sentença não seja apresentado neste período e, a parte não tenha ajuizado a respectiva Ação Anulatória, terá ocorrido a decadência do pleito da parte interessada.

— 5.6.8 —
Custas e despesas com a arbitragem

Conforme dispõe o art. 27 da Lei de Arbitragem, a sentença arbitral decidirá sobre a responsabilidade no pagamento das custas do procedimento, incluindo-se os honorários de sucumbência e eventual arbitramento de multa por litigância de má-fé. Na prática, a responsabilidade será balizada na convenção de arbitragem, termo inicial e/ou compromisso arbitral e, caso silentes, no regulamento da própria câmara arbitral.

As custas da arbitragem, em regra, são divididas em três parâmetros: (i) custas da câmara arbitral; (ii) despesas com diligências, deslocamento de partes e testemunhas, entrega de documentos, traduções, e (iii) honorários do árbitro.

Em que pese, em um primeiro momento, as taxas para o início do procedimento arbitral sejam da parte solicitante, "a tendencia das convenções e regulamentos é no sentido de que o pagamento, inicial ou mensal, será por ambas as partes, em proporções idênticas (metade para cada)" (Cahali, 2020, p. 296).

Já quanto às despesas no decorrer do procedimento, normalmente é a parte interessada pela condução do procedimento – "autora" – que promove o adiantamento das custas, as quais serão reembolsadas ao final, pela parte vencida, igualmente como ocorre no Judiciário.

Os honorários arbitrais, por sua vez, caso não tenham sido previamente estipulados na convenção, no termo inicial ou, ainda, no próprio regulamento da câmara, serão arbitrados de forma judicial, conforme art. 11, parágrafo único da Lei de Arbitragem. Quanto ao momento de pagamento, os honorários do árbitro serão pagos ao final do procedimento e são rateados entre as partes, em razão do alto custo do procedimento.

Quanto aos honorários de sucumbência, considerando inexistir na Lei de Arbitragem qualquer regramento nesse sentido, utiliza-se de forma subsidiária a disposição do art. 85 do CPC/2015. Entretanto, Francisco José Cahali manifesta entendimento contrário, já que defende pelo descabimento dos honorários de sucumbência na arbitragem, já que tal regramento fora criado para a jurisdição estatal e, portanto, inaplicável ao procedimento arbitral (Cahali, 2020).

Importante destacarmos que, na arbitragem, inexiste a figura da gratuidade da justiça por hipossuficiência financeira da parte, nos moldes previstos no art. 98 e seguintes do CPC/2015. Nessa hipótese, algumas partes têm se utilizado da adoção do *third-party funding*, expressão inglesa que significa, em tradução livre, "financiamento por terceiros", que é a possibilidade de que pessoas que não façam parte da convenção de arbitragem, financiem o procedimento por meio do pagamento das custas arbitrais, incluindo-se: taxa de administração, custas eventuais da Câmara e, honorários do árbitro escolhido para o julgamento do conflito (Casado Filho, 2014).

No cenário internacional, a *third-party funding* é bastante corriqueira na prática da arbitragem, especialmente em países como Estados Unidos, Holanda, Alemanha e Reino Unido. No Brasil, a prática ganhou visibilidade a partir da instalação de investimentos específicos nas cidades do Rio de Janeiro e São Paulo.

Os *litigation funding*, que significa, em tradução livre, "financiamento do litígio", são representados por instituições financeiras que custeiam o litígio sob a perspectiva de recebimento de uma porcentagem ao final, em caso de sentença arbitral favorável. Contudo, em caso de improcedência da demanda, o *litigation funding* arcará com os custos já despendidos, além de eventuais verbas sucumbenciais.

Entre as possibilidades existentes no mercado, o *funder* (financiador) poderá participar do financiamento pelos seguintes meios:

a. financiar todo o custo da arbitragem, tais como: taxas da câmara, honorários do árbitro, *experts*, peritos, dentre outras, de modo que será remunerado apenas se a parte financiada obtiver êxito na demanda. Nessa modalidade, o financiador assume todo o risco pelo recolhimento das custas;
b. emprestar o valor para o custeio das despesas do procedimento, por meio de taxa de juros previamente estabelecida, além de uma porcentagem/bônus de recebimento ao final, em caso de sentença exitosa;
c. por meio da aquisição de créditos decorrentes da sentença arbitral, por meio de uma cessão de crédito inter vivos, com deságio estabelecido entre as partes. Nesta modalidade, o financiador assume o risco pela liquidez e recebimento do valor em posterior execução de sentença (Moraes; Cunha, 2017).

— 5.6.9 —
Cumprimento de sentença arbitral

Conforme disposição expressa do art. 31 da Lei de Arbitragem: "A sentença arbitral produz, entre as partes e seus sucessores, os mesmos efeitos da sentença proferida pelos órgãos do Poder Judiciário e, sendo condenatória, constitui título executivo"

(Brasil, 1996). Considerando que o árbitro não possui poderes de coerção e execução, atributos da jurisdição estatal, cabe à parte interessada, com fundamento nos arts. 513 e 515, inciso VII, ambos do CPC/2015 (Brasil, 2015a). promover o respectivo cumprimento de sentença, com o objetivo de efetivar o que fora decidido na sentença arbitral.

De acordo com o já exposto no tópico sobre a sentença arbitral, essa decisão não necessita de qualquer ato homologatório do Judiciário para a sua eficácia, exceto nos casos de sentença arbitral estrangeira. Na prática, significa dizer que, após a apresentação da sentença arbitral e cientificação das partes, caso o vencido não venha a cumprir o determinado em decisão, caberá a parte vencedora executar a sentença no Poder Judiciário, para a exigibilidade da decisão.

O procedimento de cumprimento de sentença arbitral se dará nos moldes do CPC/2015, com a juntada de cópia da sentença arbitral, eventual pedido de esclarecimentos da decisão e outros documentos relativos ao procedimento arbitral, além de cópia do demonstrativo de cálculo atualizado, em caso de sentença condenatória, nos termos do art. 524 do CPC/2015. Caso a sentença arbitral seja declaratória ou mandamental, será conduzida nos mesmos moldes, com as especificidades de cada espécie de sentença.

O pedido deverá ser direcionado ao juízo estatal que seria o competente para o julgamento da causa, conforme critérios de competência, nos termos dos arts. 42 e 516, inciso III, do

CPC/2015. Considerando que inexiste processo judicial em curso, o autor deverá promover a citação do executado (art. 515, §1º do CPC/2015), diversamente do que ocorre no cumprimento de sentença habitual, que se inicia com a intimação da parte, na pessoa do seu advogado, nos termos do art. 513, parágrafo 2º, inciso I, do CPC/2015 (Brasil, 2015a).

Por fim, a defesa do executado, no cumprimento de sentença, é feita por meio de impugnação ao cumprimento de sentença, momento em que a parte poderá alegar toda a matéria de defesa, em especial, a própria invalidade do procedimento arbitral, conforme já exposto, desde que respeitado o prazo decadencial de 90 dias, a contar da ciência das partes quanto à sentença arbitral, conforme art. 525 do Código de Processo Civil (Brasil, 2015a) e art. 33, parágrafo 1º da Lei de Arbitragem (Brasil, 1996).

Considerações finais

A presente obra buscou trazer ao leitor os aspectos essenciais e práticos dos métodos adequados de resolução de conflitos, desde a apresentação da evolução do princípio constitucional do acesso à justiça até os reflexos dessa nova interpretação, por meio da análise dos institutos da negociação, conciliação, mediação e arbitragem.

Assim como a sociedade evolui e se desenvolve a cada dia, os conflitos também se modificam, de modo que o Poder Judiciário, por mais que tente, não consegue abarcar todos os conflitos de forma efetiva. Não se trata de uma "crise" do Poder Judiciário na solução dos problemas que lhe são apresentados, mas, sim, a compreensão de que esses conflitos também podem ser resolvidos por outros caminhos, para além do Judiciário. Nesse sentido, no Capítulo 1, apresentamos tais aspectos, bem como a tratamos do conceito de desjudicialização, justiça multiportas e das modalidades de composição de conflitos, por considerarmos que sejam informações essenciais para o aprofundamento do tema, de forma específica, em cada método de resolução de conflito.

A negociação, primeira espécie de método autocompositivo, apresentada no Capítulo 2, é a modalidade de que todas as pessoas, tendo conhecimento ou não, utilizam-se diariamente na vida, na aquisição de produtos e serviços ou nas relações interpessoais. A negociação é uma das espécies mais antigas de autocomposição e a mais utilizada por toda a sociedade. Por essas razões, buscamos abordar não somente os aspectos teóricos, mas também os práticos, com a indicação de técnicas objetivas de negociação que podem ser utilizadas nos mais diversos contextos.

No Capítulo 3, tratamos da conciliação, método autocompositivo também conhecido, contudo nem sempre utilizado da forma correta. Seja de forma judicial, seja na extrajudicial, a conciliação exige técnicas e regras específicas, que são aplicadas às partes e ao conciliador, designado para a condução da sessão. Uma conciliação exitosa passa, obrigatoriamente, pela adoção das técnicas abordadas no capítulo, sob pena de se tornar subjetiva e impessoal aos participantes.

A mediação, método autocompositivo de solução de conflitos, foi a espécie escolhida para compor o Capítulo 4 da presente obra. Diferentemente dos outros métodos, a mediação é pouco conhecida e utilizada pelas partes e advogados, em sua maioria, em razão do desconhecimento do instituto e dos regramentos que o conduzem. Conforme abordado no capítulo, a mediação é indicada para conflitos em que as partes tenham uma relação anterior e/ou pretendam manter um vínculo futuro. O mediador necessita ter formação superior há pelos menos dois anos, não se exigindo conhecimento específico na área do direito. Nesse contexto, apresentamos ao leitor os aspectos práticos do instituto: modalidades de mediação, forma de ingresso e pagamento de um mediador, etapas do procedimento e as técnicas práticas que podem ser adotadas pelo mediador, pelo advogado e pelas próprias partes.

Para finalizar, a arbitragem foi o método escolhido como tema do Capítulo 5, porque é o instituto que mais se distancia dos demais aqui tratados, já que, em que pese pelo consenso das partes, a sua condução é heterocompositiva, com a imposição de uma decisão, com característica judicial, pelo árbitro escolhido para o julgamento do conflito. Considera-se a arbitragem como um equivalente jurisdicional, ao lado do Poder Judiciário, posto que os efeitos apresentados pela sentença arbitral são os mesmos da judicial, exceto quanto ao poder de coerção (expropriação de bens e valores), atributo exclusivo do Poder Judiciário.

Na presente obra, portanto, pretendemos apresentar ao leitor, em um único volume, os principais métodos autocompositivos de resolução de conflitos porque entendemos que o verdadeiro e efetivo acesso à justiça somente é implementado quando o cidadão tem o conhecimento dos caminhos que pode escolher para a resolução de seu conflito. Trata-se da liberdade de escolha, que pode ser exercida apenas com o devido conhecimento sobre os métodos existentes.

Não pretendemos exaurir os temas abordados no presente livro, mas discutir aspectos teóricos e práticos que não foram localizados, de forma conjunta, em outras obras. Com a junção de todas as técnicas em um único volume, objetivamos facilitar a compreensão do leitor a respeito das modalidades e dos métodos adequados, sem, contudo, afastar aspectos teóricos e práticos indispensáveis para a compreensão dos institutos.

Referências

ALMEIDA, D. R. de. O princípio da adequação e os métodos de solução de conflitos. **Revista de Processo**, v. 195, maio 2011, p. 185-208.

ALVES, G. P. A conciliação como meio de efetivação do princípio do acesso à Justiça. **Conteúdo Jurídic**o. 7 jan. 2015. Disponível em: <http://www.conteudojuridico.com.br/consulta/Artigos/42860/a-conciliacao-como-meio-de-efetivacao-do-principio-do-acesso-a-justica>. Acesso em: 25 out. 2021.

BARBOSA MOREIRA, J. C. **O novo processo civil brasileiro**. 29. ed. Rio de Janeiro: Forense, 2012.

BARROS MONTEIRO, W. de. **Curso de Direito Civil**. v. 5. 43. ed. São Paulo: Saraiva, 2013.

BERALDO, L. de F. **Curso de arbitragem**: nos termos da Lei nº 9.307/1996. São Paulo: Atlas, 2014.

BRAGA NETO, A. Os advogados, o conflito e a mediação. In: OLIVEIRA, A. (Coord.). **Mediação**: métodos de resolução de controvérsia. São Paulo: LTr, 1999.

BRASIL. Conselho de Justiça Federal. Enunciado 14. In: JORNADA DE PREVENÇÃO E SOLUÇÃO EXTRAJUDICIAL DE LITÍGIOS. 2016. Brasília, DF. **Anais...** Brasília, DF: Centro de Estudos Judiciários do Conselho da Justiça Federal, 2016b. Disponível em: <https://www.cjf.jus.br/cjf/corregedoria-da-justica-federal/centro-de-estudos-judiciarios-1/prevencao-e-solucao-extrajudicial-de-litigios>. Acesso em: 25 out. 2021.

BRASIL. Conselho Nacional de Justiça. AZEVEDO, A. G. de (Org.). **Manual de Mediação Judicial**. 6. ed. Brasília, DF: CNJ, 2016a. Disponível em: <https://www.cnj.jus.br/wp-content/uploads/2015/06/f247f5ce60df2774c59d6e2dddbfec54.pdf>. Acesso em: 25 out. 2021.

BRASIL. Conselho Nacional de Justiça. Resolução n. 125, de 29 de novembro de 2010. **Diário de Justiça Eletrônico**, 1 dez. 2010. Disponível em: <https://atos.cnj.jus.br/atos/detalhar/156>. Acesso em: 25 out. 2021.

BRASIL. Constituição (1988). **Diário Oficial da União**, Brasília, DF, 5 out. 1988.

BRASIL. Decreto-lei n. 2.848, de 7 de dezembro de 1940. Código Penal. **Diário Oficial da União**, Rio de Janeiro, 31 dez. 1940. Disponível em: <http://www.planalto.gov.br/ccivil_03/decreto-lei/del2848compilado.htm>. Acesso em: 29 out. 2021.

BRASIL. Lei n. 3.071, de 1 de janeiro de 1916. **Diário Oficial da União**, Rio de Janeiro, RJ, 1 jan. 1916. Disponível em: <https://www.legisweb.com.br/legislacao/?id=79402>. Acesso em: 25 out. 2021.

BRASIL. Lei n. 5.869, de 11 de janeiro de 1973. **Diário Oficial da União**, Brasília, DF, 17 jan. 1973. Disponível em: <em:<https://www2.camara.leg.br/legin/fed/lei/1970-1979/lei-5869-11-janeiro-1973-357991-publicacaooriginal-1-pl.html>.Acesso em: 25 out. 2021.

BRASIL. Lei n. 9.099, de 26 de setembro de 1995. **Diário Oficial da União**, Brasília, DF, 27 set. 1995. Disponível em: <http://www.planalto.gov.br/ccivil_03/leis/l9099.htm>. Acesso em: 25 out. 2021.

BRASIL. Lei n. 9.307, de 23 de setembro de 1996. **Diário Oficial da União**, 24 set. 1996. Disponível em: <http://www.planalto.gov.br/ccivil_03/leis/l9307.htm>. Acesso em: 25 out. 2021.

BRASIL. Lei n. 10.406, de 10 de janeiro de 2002. **Diário Oficial da União**, Brasília, DF, 11 jan. 2002. Disponível em: <http://www.planalto.gov.br/ccivil_03/leis/2002/L10406compilada.htm>. Acesso em: 25 out. 2021.

BRASIL. Lei n. 11.441, de 4 de janeiro de 2007. **Diário Oficial da União**, Brasília, DF, 5 jan. 2007. Disponível em: <http://www.planalto.gov.br/ccivil_03/_ato2007-2010/2007/lei/l11441.htm>. Acesso em: 25 out. 2021.

BRASIL. Lei n. 13.105, de 16 de março de 2015. **Diário Oficial da União**, Brasília, DF, 17 mar. 2015a. Disponível em: <http://www.planalto.gov.br/ccivil_03/_ato2015-2018/2015/lei/l13105.htm>. Acesso em: 25 out. 2021.

BRASIL. Lei n. 13.129, de 26 de maio de 2015. **Diário Oficial da União**, Brasília, DF, 27 maio. 2015b. Disponível em: <http://www.planalto.gov.br/ccivil_03/_ato2015-2018/2015/lei/l13105.htm>. Acesso em: 25 out. 2021.

BRASIL. Lei n. 13.140, de 26 de junho de 2015. **Diário Oficial da União**, Brasília, DF 29 jun. 2015c. Disponível em: <http://www.planalto.gov.br/ccivil_03/_ato2015-2018/2015/lei/l13140.htm>. Acesso em: 25 out. 2021.

BRASIL. Superior Tribunal de Justiça. **Homologação de Sentença Estrangeira** SEC n. 9.412/ EX. Min. Nancy Andrighi. 2017. Disponível em: <https://processo.stj.jus.br/processo/pesquisa/?src=1.1.2&aplicacao=processos.ea&tipoPesquisa=tipoPesquisaGenerica&num_registro=201302788725>. Acesso em: 25 out. 2021.

CACHAPUZ, R. da R. **Arbitragem**: alguns aspectos do processo e do procedimento na Lei 9.307/96, São Paulo: Editora de Direito, 2000.

CAHALI, F. J. **Curso de arbitragem**: mediação: conciliação: tribunal multiportas. 8. ed. rev., ampl. e atual. São Paulo: Revista dos Tribunais, 2020.

CAIVANO, R. J.; GOBBI, M.; PADILHA, R. E. **Negociacion y mediacion**: instrumentos apropriados para la abogacia moderna. 2. ed. Buenos Aires: Ad-Hoc, 2006.

CÂMARA, A. F. **Arbitragem**: Lei 9.307/96. São Paulo: Lumen Juris, 1997.

CAPPELLETTI, M.; GARTH, B. **Acesso à justiça**. Tradução de Ellen Gracie Northfleet. Porto Alegre: Sergio Antonio Fabris Editor, 2002.

CARMONA, C. A. **Arbitragem e processo**: comentário à Lei n. 9.307/96. 3. ed. São Paulo: Malheiros, 2009.

CARNEIRO; P. C. P.; GRECO, L.; PINHO, H. D. B. de. **Temas controvertidos na arbitragem à luz do Código de Processo Civil de 2015**. Rio de Janeiro: GZ, 2018.

CARNELUTTI, F. **Instituciones Del processo civil**. Tradução de Santiago Sentis Melendo, v. I, Buenos Aires: Ediciones Jurídicas Europa-America, 1956.

CARNELUTTI, F. Sulla causa de la transazione. **Rivista del Diritto Commerciale**, v. 12, pt. 2, Milano, 1914.

CASADO FILHO, N. **Arbitragem comercial internacional e acesso à Justiça**: o novo paradigma do Third Party Funding. Tese (Doutorado em Direito das Relações Internacionais) – Faculdade de Direito da Pontifícia Universidade Católica de São Paulo, São Paulo. 2014.

CASTRO MENDES, A. G. Breves considerações sobre da questão da inafastabilidade da prestação jurisdicional. **Revista da Seção Judiciária do Rio de Janeiro**, n. 19, p. 61-73, dez. 2007.

CHIOVENDA, G. **Instituições de direito processual civil**. Tradução de J. Guimarães Menegale, 3. ed. São Paulo: Saraiva, 1969.

CHIOVENDA, G. **Instituições de direito processual civil**. 3 ed. Campinas: Bookseller, 2002. v. II.

CINTRA, A. C. de A.; GRINOVER, A. P.; DINAMARCO, C. R. **Teoria geral do processo**. 23 ed. São Paulo: Malheiros Editores, 2005.

CONIMA. Conselho Nacional das Instituições de Mediação e Arbitragem. **Código de Ética para Árbitros**. Disponível em: <https://conima.org.br/site-em-construcao/arbitragem/codigo-etica-arbitros/>. Acesso em: 29 out. 2021a.

CONIMA. Conselho Nacional das Instituições de Mediação e Arbitragem. **Código de Ética para Mediadores**. Disponível em: <https://conima.org.br/mediacao/codigo-de-etica-para-mediadores/>. Acesso em: 26 out. 2021b.

COSTA, M. Informalizar e desjudicializar a Justiça Portuguesa. In: CONGRESSO DOS ADVOGADOS PORTUGUESES, 7., 2011, Figueira da Foz, Coimbra, Portugal. **Anais**... Disponível em: <https://www.oa.pt/upl/%7B3ad2ebc8-be4f-40c0-a7d6-16dd0d03e068%7D.pdf>. Acesso em: 24 jun. 2021.

CRETELLA JÚNIOR, J. Da arbitragem e seu conceito categorial. **Revista da Informação Legislativa**. Brasília, n. 98, p. 127-138, abr./jun. 1988,

CRETELLA NETO, J. **Curso de arbitragem**. Rio de Janeiro: Forense, 2004.

DINAMARCO, C. R. **A instrumentalidade do processo**. 11. ed. São Paulo: Malheiros, 2003.

DINAMARCO, C. R. **Instituições de direito processual civil**. 3. ed. rev. e atual. São Paulo: Malheiros, 2002.

FALECK, D. Processo e técnicas de Mediação. In: ENAM - Escola Nacional de Mediação e Conciliação (Org.). **Manual de Mediação de Conflitos para Advogados**. Brasília, DF: Ministério da Justiça, 2014. p. 116-141. Disponível em: <https://www.conjur.com.br/dl/manual-mediacao-advogados-enam.pdf>. Acesso em: 25 out. 2021.

FERNANDES, T. M. Introdução. In: Escola da Advocacia-Geral da União Ministro Victor Nunes Leal. **Manual de negociação baseado na teoria de Harvard**. Brasília: EAGU, 2017. p. 8-17.

FIGUEIRA JÚNIOR, J. D. **Arbitragem**. 3. ed. Rio de Janeiro: Forense, 2019.

FISHER, R.; URY, W. L.; PATTON, B. **Como chegar ao fim**: a negociação de acordos sem concessões. 2. ed. rev. e ampl. Rio de Janeiro: Imago, 2005.

FISS, O. Contra o acordo. In: SALLES, C. A. de. (Org.). **Um novo processo civil**: estudos norte-americanos sobre jurisdição, constituição e sociedade. Coord. de tradução Carlos Alberto de Salles. São Paulo: Revista dos Tribunais, 2004. p. 120-145.

FOLGER, J. P.; BUSH, R. A. A mediação transformativa e intervenção de terceiros: as marcas registradas de um profissional transformador. In: SCHNITMAN, D. F.; LITTLEJOHN, S. **Novos paradigmas em mediação**. Porto Alegre: Artmed, 1999. p. 85-100.

FRANCO, R. C.; KOHARA, P. K. I. Entre a lei e a voluntariedade: o modelo institucional de resolução extrajudicial de conflitos em defensorias públicas. **Revista da Defensoria Pública**, ano 5, v. 1, p. 81-101, 2012. Disponível em: <https://www.defensoria.sp.def.br/dpesp/repositorio/20/publicacoes/REVISTA.2012.virtual.pdf>. Acesso em: 26 out. 2021.

GABBAY, D. M. Negociação. In: SALLES, C. A. de; LORENCINI, M. A. G. L.; SILVA, P. E. A. da. (Coord.). **Negociação, mediação, conciliação e arbitragem**: curso de métodos adequados de solução de controvérsias. 3. ed. rev., atual. e ampl. Rio de Janeiro: Forense, 2020. p. 125-144.

GANANCIA, D. Justiça e mediação familiar: uma parceria a serviço da co-parentalidade. Tradução de Giselle Groeninga Almeida. **Revista do Advogado**, n. 62, p. 7-15, mar. 2001. Disponível em: <https://aplicacao.aasp.org.br/aasp/servicos/revista_advogado/paginaveis/62/6/index.html>. Acesso em: 26 out. 2021.

GOLD, L. Interdisciplinary Team Mediation. **Mediation Quarterly**, e. 6, p.27-46, 1984.

GONÇALVES, J.; GOULART, J. R.; PÉRES, Q. T. V. **Cadernos da Escola Superior da Magistratura do Estado de Santa Catarina**: mediação e conciliação: tópicos selecionados. 1 ed. Florianópolis, SC: Emesc, 2020.

GRINOVER, A. P. A inafastabilidade do controle jurisdicional e uma nova modalidade de autotutela. **Revista Brasileira de Direito Constitucional**, n. 10, p. 13-19, jul./dez 2007. Disponível em: <http://www.esdc.com.br/RBDC/RBDC-10/RBDC-10-013-Ada_Pellegrini_Grinover.pdf>. Acesso em: 27 out. 2021.

GRINOVER, A. P. **Ensaio sobre a processualidade**: fundamentos para uma nova teoria geral do processo. Brasília: Gazeta Jurídica, 2016.

GRINOVER, A. P. et. al. (Coord.). **Participação e processo**. São Paulo: Revista dos Tribunais, 1988.

GUILHERME, L. F. do V. de A. **Manual de arbitragem e mediação**: conciliação e negociação. 5. ed. São Paulo: Saraiva Educação, 2020.

HALE, D.; PINHO, H. D. B. de; CABRAL, T. N. X. (Org.). **O marco legal da mediação no Brasil**: comentários à Lei n. 13.140, de 26 de junho de 2015. São Paulo: Atlas, 2016.

HANTHORNE, B. de O. C. **A desjudicialização e o direito fundamental de acesso à justiça**: a função jurisdicional exercida para além Poder Judiciário – Lei 11.441/2017. 144 f. Dissertação (Mestrado em Direito) – Centro Universitário Autônomo do Brasil, Curitiba, 2016. Disponível em: <https://www.unibrasil.com.br/wp-content/uploads/2018/03/mestrado_unibrasil_Bruna-Oliveira.pdf>. Acesso em: 27 out. 2021.

LEAL, V. N. **Manual de negociação baseado na teoria de Harvard**. Brasília: EAGU, 2017. p. 56-72.

LEMES, S. M. F. **Arbitragem na administração pública**. São Paulo: Quartier Latin do Brasil, 2007.

LEVY, F. R. L. **Cláusulas escalonadas**: a mediação comercial no contexto da arbitragem. São Paulo: Saraiva, 2013.

LIMA, G. A. F. de. Fases da negociação: parte I. In: Escola da Advocacia-Geral da União Ministro Victor Nunes Leal. **Manual de negociação baseado na teoria de Harvard**. Brasília: EAGU, 2017. p. 56-71.

LUDWIG, G. G. Entre o acesso à Justiça e a "Dependência Química" do Judiciário: a conciliação prévia como resgate da cidadania. **Revista de Direito do Consumidor**, n. 71, p. 7-36, maio./jun. 2011. Disponível em:<http://docplayer.com.br/8474151-Entre-o-acesso-a-justica-e-a-ependencia-quimica-do-judiciario-a-conciliacao-previa-moresgate-da-idadania.html>. Acesso em: 27 out. 2021.

MAGANO, O. B. Legislação e autocomposição. **Revista do Tribunal Regional do Trabalho da Oitava Região**, v. 36, n. 70, p. 153-160, Belém, jan.-jun. 2003.

MANCUSO, R. de C. **A resolução dos conflitos e a função judicial no contemporâneo Estado de direito**. 3 ed. rev., ampl. e atual. Salvador: Juspodivm, 2020.

MANCUSO, R. de C. O plano piloto de conciliação em segundo grau de jurisdição, do Egrégio Tribunal de Justiça de São Paulo, e sua possível aplicação aos feitos de interesse da Fazenda Pública. **Revista dos Tribunais**, ano 93, v. 820, p. 11-49. fev. 2004. Separata.

MARTINS, P. A. B. **Apontamentos sobre a Lei de Arbitragem**. Rio de Janeiro: Forense, 2008a.

MARTINS, P. A. B. Panorâmica sobre provas na arbitragem. In: JOBIM, E.; MACHADO, R. B. (Coord.). **Arbitragem no Brasil**: aspectos relevantes. São Paulo: Quaetier Latin, 2008b.

MAZZONETO, N. A escolha da mediação e do mediador nas disputas de Propriedade Intelectual: to be or not to be an expert? **Revista de Arbitragem e Mediação**. São Paulo: Revista dos Tribunais, v. 11, n. 42, p. 279-297, jul. set. 2014.

MENDES, A. de M. A hora e a vez da conciliação. **Revista Centro de Estudos Judiciários**, Brasília, DF, v. 13, n. 46, p. 120-123, jul./set. 2009.

MENDES, G. M. L. Tribunal multiportas e sua adequação no Brasil. **Jus**, fev. 2015. Disponível em: <https://jus.com.br/artigos/36758/tribunal-multiportas>. Acesso em: 27 out. 2021.

MEXIA, A. M. R. **A co-mediação enquanto prática de mediação familiar em Portugal: que potencialidades?** 272 f. Dissertação (Mestrado em Ciências da Família) – Universidade Católica Portuguesa, Lisboa, 2012. Disponível em: <https://repositorio.ucp.pt/handle/10400.14/8924>. Acesso em: 16 jul. 2021.

MORAES, F.; CUNHA, H. C. A possibilidade do financiamento de arbitragem por terceiros. **Consultor Jurídico**, 2 mar. 2017. Disponível em: <https://www.conjur.com.br/2017-mar-02/possibilidade-financiamento-arbitragem-terceiros>. Acesso em: 27 out. 2021.

MORAIS, J. L. B. de; SPENGLER, F. M. **Mediação e arbitragem**: alternativas a jurisdição! 25. ed. Porto Alegre: Livraria do Advogado, 2008.

MOURÃO, A. N. S. F. **Técnicas de negociação para advogados**. 3. ed. São Paulo: Saraiva, 2008.

OLIVEIRA, D. O. de. **Desjudicialização, acesso à justiça e teoria geral do processo**. Curitiba: Juruá, 2014.

PEIXOTO, J. R. da C. Elementos da negociação: critérios objetivos. In: Escola da Advocacia-Geral da União Ministro Victor Nunes Leal. **Manual de negociação baseado na teoria de Harvard**. Brasília: EAGU, 2017. p. 21-37.

PINHO, H. D. B. de. Confidencialidade. A nova lei de mediação brasileira: comentários ao Projeto de Lei n. 7.169/14. **Revista Eletrônica de Direito Processual**, ano 8, v. esp., ed. eletrônica, 2014.

PINHO, H. D. B. de; MAZZOLA, M. **Manual de mediação e arbitragem**. São Paulo: Saraiva Educação, 2019.

PINHO, H. D. B. de; STANCATI, M. M. S. A ressignificação do princípio do acesso à Justiça à luz do art. 3º do CPC/2015. **Revista de Processo**, n. 254, p. 17-44, 2016.

SALES, L. M. de M. **Justiça e mediação de conflitos**. Belo Horizonte: Del Rey, 2003.

SALLES, C. A. de. Introdução à arbitragem In: SALLES, C. A. de; LORENCINI, M. A. G. L.; SILVA, P. E. A. da. **Negociação, mediação, conciliação e arbitragem**: curso de métodos adequados de solução de controvérsias. 2. ed., ver., atual. e ampl. Rio de Janeiro: Forense, 2019. p. 241-265.

SALLES, C. A. de. Mecanismos alternativos de solução de controvérsias e acesso à justiça: a inafastabilidade da tutela jurisdicional recolocada. In: FUX, L.; NERY; JR WAMBIER, T. A. A. (Coord.). **Processo e Constituição**: estudos em homenagem ao professor José Carlos Barbosa Moreira. São Paulo: RT, 2006, p. 779-793.

SALLES, C. A. de; LORENCINI, M. A. G. L.; SILVA, P. E. A. da. **Negociação, mediação, conciliação e arbitragem**: curso de métodos adequados de solução de controvérsias. 2. ed., rev., atual. e ampl. Rio de Janeiro: Forense, 2019.

SANDER, F. Future of ADR. **Journal of Dispute Resolution**, University of Missouri School of Law Scholarship Repositoryn, n. 1, article 5, 2000.

SANTANNA, A. C. S. **O princípio da inafastabilidade de jurisdição e a resolução de conflitos**. Santa Cruz do Sul: Esserenel Mondo, 2015.

SANTANNA, A. C. S. **Proposta de releitura do princípio da inafastabilidade da jurisdição**: introdução de métodos autocompositivos e fim do monopólio judicial de solução de conflitos. 190 f. Dissertação (Mestrado em Direito) – Universidade do Estado do Rio de Janeiro, Rio de Janeiro, 2014. Disponível em: <https://www.bdtd.uerj.br:8443/bitstream/1/9749/1/Ana%20Carolina%20Squadri%20Santanna%20-%20Completo.pdf>. Acesso em: 25 jun. 2021.

SANTOS, B. de S. **Para uma revolução democrática da justiça**. São Paulo: Cortez, 2007.

SCAVONE JUNIOR, L. A. **Arbitragem**: mediação, conciliação e negociação. 10. ed. Rio de Janeiro: Forense, 2020.

SIERRALTA RIOS, A. **Negociação e teoria dos jogos**. 1. ed. em e-book, baseada na 1. ed. impressa. São Paulo: Editora Revista dos Tribunais, 2017.

SILVA, A. do N.; et al. **Gestão de negociação**: como se conseguir o que se quer sem ceder o que não se deve. 2. ed. São Paulo: Saraiva, 2007.

SOARES, E. Z. Conciliação e o Código de Processo Civil. In: NUNES, A. (Coord.). **Mediação e conciliação**: teoria e prática. São Paulo: Revista dos Tribunais, 2018. p. 75-89.

SOUZA, E. P. R. de. **Noções fundamentais de direito registral e notarial.** São Paulo: Saraiva, 2001.

TALAMINI, E. Suspensão do processo judicial para a realização de mediação. **Revista de Processo**, ano 43, n. 277, p. 565-584, mar. 2018.

TARTUCE, F. Conciliação em juízo: o que (não) é conciliar? In: SALLES, C. A. de; LORENCINI, M. A. G. L.; SILVA, P. E. A. da. **Negociação, mediação, conciliação e arbitragem**: curso de métodos adequados de solução de controvérsias. 3. ed., rev., atual. e ampl. Rio de Janeiro: Forense, 2020. p. 209-239.

TARTUCE, F. **Mediação nos conflitos civis**. São Paulo. Método 2008.

TARTUCE, F. **Mediação nos conflitos civis**. 4. ed., rev., atual. e ampl. Rio de Janeiro: Forense; São Paulo: Método, 2018.

VARGAS, J. E. de L. Fases da negociação: parte II. In: Escola da Advocacia-Geral da União Ministro Victor Nunes Leal. **Manual de negociação baseado na teoria de Harvard**. Brasília: EAGU, 2017. p. 73-83.

WAMBIER. L. R. **Curso avançado de processo civil**. 8. ed. São Paulo: RT, 2006. v. I.

WATANABE, K. **Acesso à justiça e sociedade moderna**. São Paulo: Revista dos Tribunais, 1988.

WATANABE, K. "Juizados especiais" e política judiciária nacional de tratamento adequado dos conflitos de interesses. CEJUSC e Tribunal Multiportas. In: BACELLAR, R. P.; LAGRASTA, V. F. (Coord.). **Conciliação e mediação**: ensino em construção. 1. ed. São Paulo: IPAM/ENFAM, 2016. p. 122-123.

WATANABE, K. Modalidade de mediação. In: DELGADO, J. et al. **Mediação**: um projeto inovador. Brasília: Centro de Estudos Judiciários, CJF, 2003. p. 42-50. (Série Cadernos do CEJ, v. 22). Disponível em: <https://www.cjf.jus.br/cjf/corregedoria-da-justica-federal/centro-de-estudos-judiciarios-1/publicacoes-1/cadernos-cej/mediacao-um-projeto-inovador>. Acesso em: 29 out. 2021.

ZANETI JÚNIOR; H.; CABRAL, T. N. X. **Justiça multiportas**: mediação, conciliação, arbitragem e outros meios de solução adequada de conflitos. 2. ed., rev., ampl. e atual. Salvador: JusPODIVM, 2018.

Sobre a autora

Bruna de Oliveira Cordeiro Hanthorne é doutoranda em Processo Civil pela Universidade Federal do Paraná (UFPR), mestre em Direito Constitucional pelo Centro Universitário Autônomo do Brasil (UniBrasil), especialista em Processo Civil pela Academia Brasileira de Direito Constitucional e graduada em Direito pela UniBrasil. É membro do Instituto Brasileiro de Direito Processual (IBPD) e professora universitária em cursos de graduação e pós-graduação nas disciplinas de Processo civil e Métodos adequados de resolução de conflitos. Atua ainda como consultora jurídica, advogada nas áreas de processo civil, família, resoluções extrajudiciais de conflitos e autora de diversos artigos jurídicos.

Os papéis utilizados neste livro, certificados por instituições ambientais competentes, são recicláveis, provenientes de fontes renováveis e, portanto, um meio responsável e natural de informação e conhecimento.

FSC
www.fsc.org
MISTO
Papel produzido a partir de fontes responsáveis
FSC® C103535

Impressão: Reproset
Março/2023